BÄRBEL RING

WEIN, SONST NIX

RIESLING
RIESLING
RIESLING
745
JACQUESSON

BÄRBEL RING

WEIN sonst nix

WEINWISSEN FÜR ALLE – UNKOMPLIZIERT UND AUF DEN PUNKT

südwest

INHALT

Liebe LESER*INNEN,

wer freut sich nicht über richtige Briefe? Gemeint sind natürlich keine Rechnungen oder langweilige Werbung. Nein, richtige handgeschriebene Briefe. Sie erzählen Geschichten von Freunden, Bekannten, Familienmitgliedern oder auch Menschen, die man nicht kennt, aber durch den Brief kennenlernen kann. Eine Brieffreundschaft ist oft sehr persönlich, selbst wenn man sich vielleicht nie real begegnet ist.

So ist es auch mit Weinen. Ein Wein erzählt nicht nur die Geschichte des Winzers, der ihn in die Flasche gebracht hat, sondern auch die Geschichte seiner Herkunft, des Klimas, der Bodenbeschaffenheit, der Herstellungsweise und natürlich der Rebsorte. Also ein flüssiger Brief sozusagen – eine ganz besondere Flaschenpost.

Darin steckt so viel – sie erzählt auch die Story des Weingartens, der vielleicht über Generationen in Familienbesitz ist, Kriege überlebt hat, von Königen, Mönchen, Römern gehegt und gepflegt wurde. Die Flaschenpost lässt tief in die Geschichte zurückblicken, oft viel länger, als wir es uns vorstellen können, denn die Böden, auf denen die Reben wachsen, offenbaren in all ihren Schichten einen geologischen Fußabdruck, der weit zurückreicht.

Mit diesem Gefühl verkoste ich jeden Wein. Rieche, sehe, schmecke, lasse es mir gut gehen, schwenke das Glas und grüble darüber nach, welches Gericht zu dem Tropfen am besten passt.

Horchen wir mal in die Flasche und gehen dem Wein auf den Grund … Ich freue mich sehr, Sie dabei mitzunehmen, und wünsche Ihnen ganz viel Spaß bei Ihren eigenen Erfahrungen.

Dies ist Teil 1 von einer Reihe von Hilfen beim Verkosten, Einkaufen und Inspirationen für Sie. Die nächste Post kommt bestimmt.

Cheers

Eure Bärbel

- *Im Jahr 2015 kam die erste Auszeichnung zur Sommelière des Jahres in der* Rolling Pin.
- *2017 und auch direkt im Folgejahr 2018 wurde ich zur Meisterin der Weine und zur Mrs. Feel Good von* Port *Culinaire gewählt.*
- *2019 als Sommelière des Jahres im* Feinschmecker. *Ebenfalls 2019 wurde ich zur Sommelière des Jahres mit dem Food Mover Award gekürt.*
- *2022 wurde ich schließlich zur Sommelière des Jahres vom* Schlemmer Atlas *ernannt.*

WIE *alles* BEGANN

Mein erster Berührungspunkt mit Weinkennern oder mit Menschen, die sich wirklich für Wein und seinen Ursprung interessieren und ihn nicht für ein Saufgelage nutzen, war in der Gastronomie.

Ich hatte mich früher niemals damit auseinandergesetzt, wie der Wein in die Flasche kommt oder was dafür im Keller getan werden muss, bis ich nach Feierabend mit den Kollegen im Gasthof Brendel im Stadtteil Friemersheim in Duisburg-Rheinhausen zusammenstand und wir gemeinsam Weine degustierten.

»Der duftet nach Apfel, gelben Früchten und einer leichten Vanillenote.«
»Er hat eine straffe Säure, die gut abgepuffert wird vom kräftigen Körper – eindeutig Holzeinsatz!«

Ich hörte all diese scheinbar mühelosen Sätze und war fasziniert von der Fähigkeit, all das zu schmecken. Wie geht das? Wie schmecke ich die vielen Aromen? Als ich neugierig ins Glas schnupperte, habe ich nur Wein gerochen. Wow. Aber ein Anfang. Es hat mich geflasht und ich wollte wissen, wie es funktioniert, und wollte unbedingt auch erleben, was die anderen im Glas erkundeten.

Erst dachte ich: Eigentlich ganz einfach: Trauben pressen, warten, bis Alkohol entsteht, und ab in die Flasche. Prinzipiell stimmt das, allerdings wäre es ja keine Kunst, einen sauberen Wein in die Flasche zu bekommen, würde das jeder spontan mit seinen gekauften Supermarkttrauben zu Hause machen können. Aber wie kommt denn dann diese verdammte Vanille ins Glas? Die schmeißen bestimmt Vanilleschoten in die Fässer!

Wein ist ein komplexes Thema, in etwa so wie Integralrechnung für Erstklässler. Wenn man das Einmaleins nicht kann und alle darauf aufbauenden Schritte, versteht man logischerweise auch die komplexen Strukturen des Integralrechnens nicht und macht den Kopf zu.

Beim Wein muss man ebenso das Einmaleins des Weinbaus, die ganzheitliche Betrachtungsweise beachten und nicht direkt mit der Königsdisziplin, der Blindverkostung, loslegen – die kommt später. Weinbau und Kellertechnik – beides hört sich erst mal trocken an, ist es aber nicht. Denn im Weingarten beginnt alles.

Bis ich das begriffen habe, hat es allerdings etwas gedauert. Denn die Region, aus der ich komme – ich bin ein echtes Stahlkind aus Duisburg-Rheinhausen –, ist eher für Bier bekannt, weniger für Wein. Da ich nichts mit Wein am Hut hatte, war das Grundverständnis für dieses Produkt schlicht nicht da. Aber daran ließ sich arbeiten.

Zu Beginn verkostete ich Weine nach dem ganz simplen Prinzip »schmeckt oder schmeckt nicht«. Noch interessanter wurde es, als ich in München arbeitete, denn da traf ich zum ersten Mal einen Sommelier. Mit ihm nahm mein Weinverständnis stetig zu. Im Ederer gab es eine große Karte mit Bordeaux, die in Jahrgangstiefen ging. Verkostet haben wir damals immer nach dem Feierabend. Dort habe ich zum ersten Mal einen Rheingauer Riesling aus dem Weingarten Berg Schlossberg getrunken. Ich weiß noch wie heute, dass er nach weißen Pfirsichen geduftet hat – für mich ein Schlüsselmoment.

Nach München rief mich die schöne Insel Sylt. Dort arbeitete ich in Keitum, bei Karsten Wulff, einem kleinen, feinen Fischrestaurant. Die Weinkarte war liebevoll zusammengestellt mit vielen deutschen Gewächsen und mit jedem Tag, dem ich mich dem Thema Wein widmete, wurde mein Wunsch, Sommelier zu werden, größer. Und so büffelte ich, lernte zu Hause die Anbaugebiete, Regionen, Rebsorten – in der Theorie, aber auch in der Praxis. Das Bild von den Weinen, die ich gerne trank, wurde immer runder und klarer.

Und dann endlich der große Schritt – ich ging zur Sommelierschule! Dazu mussten wir allerdings die Insel wieder verlassen. Wir, mein Mann Norman und ich, wohnten im Rheingau, ich arbeitete im Kronenschlösschen, machte mein Praktikum auf dem Weingut Künstler und ging nebenbei auf die Sommelierschule in Koblenz. Das war sehr intensiv und ehrlich gesagt ziemlich knackig. Das Kronenschlösschen veranstaltet einmal im Jahr für zwei Wochen ein Gourmetfestival, an dem Köche und Winzer aus aller Welt beteiligt waren. Als Sommelier dort arbeiten zu dürfen, hat mich sehr geprägt.

Jeden Tag mehrere Flaschen zu verkosten, um zu testen, ob sie korken – ich meine so 20 oder 30 Flaschen –, das trainiert die Nase definitiv auf das ungewünschte Aroma. Ich konnte seltene Weine degustieren, Vorträge großer Weinkenner hören und all die schönen Geschichten im Glas verinnerlichen, ich kann mir kein besseres Training vorstellen. Aber so schön es mitten im Rheingau war, unser Herz hing schon damals im Norden fest. Und so fiel die Entscheidung nach meinem Abschluss: ab auf die Insel.

Seitdem sag ich »Moin« und arbeite seit 2009 im Söl'ring Hof als Sommelière. Durch Johannes King hatte ich die Möglichkeit, einen eigenen Weinkeller aufzubauen, was nicht selbstverständlich ist als junger Sommelier. Und nun, 14 Jahre später, schaue ich zurück und bin glücklich über meinen Weg. Alles in allem scheine ich meine Passion ganz gut zu machen.

Das fand auch Antonia Wien, Food-Expertin, Gastro-Beraterin und Genussmensch durch und durch. Denn sie wandte sich mitten im Lockdown an mich mit einer ungewöhnlichen Bitte. »Mach mich richtig fit, Bärbel, damit ich die Macker-Weintastings besser packe.« Ich musste lachen. Und sagte sofort zu.

Und damit begann unser Corona-Projekt »Weinschule digital«. Wie das ablief? Alle zwei Wochen ein Date am Sonntagvormittag per Zoom. Didaktisch strukturiert mit einem Vortragsteil und mit einer Verkostung von Weinen, die ich Antonia vorab zugeschickt hatte – später übrigens auch blind mit dick abgeklebten Etiketten.

Wie verkostet man idealerweise, worauf sollte man achten?
Verstehen andere Menschen die Aussage »schöner Wein«?
Oder ist es sinnvoller, seine Attribute zu betiteln?
Was ist ein »kühles Jahr«? Und vor allen Dingen: Woran erkennt man es?
Was bedeutet »Terroir« und wie zum Teufel schmeckt man diesen verdammten Schiefer aus dem Wein? Oder die Vanille?

Das ging über Monate. Inzwischen ist Antonia fit, lässt sich bei Tastings nicht mehr aus der Ruhe bringen und ich tippe diese Zeilen für mein erstes Weinbuch, das eigentlich die logische Folge dieser kleinen privaten Weinschule war. Denn all dem war der gleiche Eindruck vorangegangen:

Wein wird mir oft viel zu ernst genommen. Alle machen ernste Gesichter und jeder will besser sein als die Mitverkoster – die sich mit Etiketten und hohen Preisen profilieren möchten! Vorsicht bei Label-Trinkern. Da wird viel geblufft und viel getönt.

Ich möchte »Spaß im Glas« haben, wie Hendrik Thoma von Wein am Limit so schön sagt. Und damit hat er völlig recht. Wein ist Leben, Spaß, kunterbunt, international, macht lustig, ist ein hohes Kulturgut und sollte permanent gefeiert werden.

Im Restaurant bestellen hauptsächlich Männer den Wein, Frauen sind oft unsicher und überlassen dem Mann gern die Regie, denn sie möchten nichts falsch machen oder etwas Falsches sagen. Mir scheint, diese »Domaine« wird zu oft als persönliches Egoshooting gesehen. »Ich habe diesen Wein ›geschossen‹. Ich habe ihn bestellt! Seht her, Welt, was ich alles über Wein weiß!« Ein bisschen pauschal, aber es ist etwas dran.

Es wird in solchen oft männlich dominierten Runden zu schnell beurteilt, zu schnell wird eine Challenge daraus. Dabei ist das Verkosten auch eine Frage der Muße, der Zeit, die man sich nimmt, um Aromen zu entdecken und Zusammenhänge herzustellen. Und aus meiner Erfahrung sorgt eine vorschnelle und lautstarke Einordnung des Weines für einen festgelegten Weg im Kopf und eine Einschüchterung all der anderen, die vielleicht ein wenig mehr Zeit zum Nachdenken benötigen.

Deshalb kann ich es gar nicht oft genug betonen: immer mit der Ruhe. Zeit lassen, riechen, schmecken, schauen, Fäden zusammenführen und das Gelernte wie ein Puzzle zusammensetzen. Keine Angst! Bei der Weinverkostung und beim Trinken kann man nichts falsch machen. Trauen Sie sich! Nur der Geschmack zählt. Alles andere ist erst mal zweitrangig. Bei mir hat es auch geklappt und ich bin genauso wie jeder Anfänger hineingewachsen in diese spannende Welt. Ich wusste damals nicht, dass Wein so eine Tiefe besitzt und so viel zu erzählen hat über Länder und Menschen. Mein Wissen möchte ich gerne mit Ihnen teilen, damit Sie ohne Scheu probieren und selbst diese Erfahrungen machen können.

Also: Flasche auf, Sinne schärfen, Nase tief ins Glas, lassen Sie alles auf sich zukommen und genießen Sie es, mit jedem Mal mehr und mehr zu erfahren.

Das Besondere am Wein ist: Er ist magisch, ein wahnsinnig toller Speisebegleiter, der wie eine Zutat zu einem Gericht hinzugefügt wird. Deswegen: Trinken Sie den Wein parallel mit ausgesuchten Speisen und Sie werden feststellen, wie sich der Wein im Glas verändert.

Weinbau UND KELLERTECHNIK

»Wie kommt die Traube in die Flasche?«

Das Klima

Das Wort ist heutzutage geflügelt, meistens in Verbindung mit »Wandel« oder »Krise«. Lassen wir das Komplizierte weg und betrachten es ganz nüchtern: Wer in den Urlaub fährt, überlegt genau, was er in den Koffer packt. Ein Thailand-Reisender wird vermutlich keine Winterjacke und Skisocken einpacken, genauso wenig wie ein Polarforscher die Badehose und Flip-Flops vorziehen würde. Pauschal kann man sagen: Je nach Jahreszeit gibt es in den verschiedenen Ländern dementsprechende vorhersehbare Temperaturen. Jetzt wissen wir aber ganz genau, dass in Bayern nicht die gleichen Wetterverhältnisse herrschen wie an der Nordsee. Die Wahrscheinlichkeit, dass es an der Küste mehr Wind gibt und in der Münchener Innenstadt die Temperaturen wärmer sind als in Westerland, ist einleuchtend. Beschränken wir uns auf Norddeutschland.

Makroklima

Wir könnten es als Makroklima bezeichnen. »Ein Tief zieht über den Norden Deutschlands« wäre eine klassische Wettervorhersage im Fernsehen. Das bedeutet allerdings nicht zwingend, dass es in ganz Norddeutschland regnen wird. Das Tief kommt vom Westen her und trifft mit voller Wucht auf Sylt. Es regnet in Strömen, das Meer ist aufgepeitscht, Windstärke 10. Durch das Auftreffen an der Westküste schwächt es sich in Richtung Süden immer mehr ab. Die Wahrscheinlichkeit, dass es an Rügen vorbeizieht, ist also groß und die Ostsee wird nur einen etwas stärkeren Wellengang zu spüren bekommen, die Fahnen werden im Wind wehen und die Sonne scheint.

Topoklima und Mesoklima

Wenn wir den Kreis kleiner werden lassen und uns nur auf Nordfriesland beschränken, wird das Tiefdruckgebiet sehr wahrscheinlich uns alle treffen. Den einen mehr, den anderen weniger. Wer schon mal auf der Insel Sylt war, weiß, dass es manchmal in List regnet und in Rantum die Sonne scheint, während in Westerland Seenebel auftritt. Man muss mit allem rechnen. Das nennt man Topoklima oder Mesoklima.

Kleinklima und Mikroklima

Ein Kleinklima ist eine sehr kleinräumige Bedingung, zum Beispiel die Terrasse vom Söl'ring Hof. Da ist es mehr als unwahrscheinlich, dass es an Tisch 100 regnet und an Tisch 105 die Sonne scheint. Aber wenn man noch kleiner

Mesoklima: Man sieht hier wunderbar im Hintergrund den Schatten in List, den die Wolken werfen, im Vordergrund scheint die Sonne.

denkt, spricht man vom sogenannten Mikroklima. Denn hinter dem Strandkorb an Tisch 107 ist immer Schatten und an Tisch 100 scheint den ganzen Tag die Sonne. Wie in einem Garten. Dort ist beispielsweise zu beachten, dass es Schattengewächse gibt und welche, die viel volle Sonne vertragen und diese Sonnenexposition brauchen. Man kann es auf die Spitze treiben, indem man das Mikroklima einer einzelnen Pflanze begutachtet. Manche Blätter haben eher Schatten und andere sind länger in der Sonne. Das hat natürlich unter anderem etwas mit der Himmelsrichtung zu tun, aber auch mit dem Schatten umliegender Bäume, Häuser, Mauern oder Berge.

Der Garten des Genussshops in Keitum zeigt deutlich, dass nicht an allen Stellen die Sonne scheint. Im Schatten werden eher Schattengewächse angebaut, in der Sonne die Pflanzen, die die volle Sonne vertragen können.

Und jetzt der Schwenk zum Wein. In einem Weingarten ist es nicht anders. Die Neigung des Hügels oder Berges, die Höhe des Weingartens, die Pflanzen und Gegebenheiten drum herum. All das beeinflusst das Mikroklima maßgeblich. Es gibt Listen mit Jahrgangsempfehlungen, in denen steht, dass es zum Beispiel im Bordeaux ein tolles Jahr war, mit fünf Sternen bewertet! Ups. Zur Veranschaulichung: Das Bordeaux ist ein einzelnes, spezielles Anbaugebiet in Frankreich, das circa 130 000 Hektar umfasst. Alle Anbaugebiete für Wein in ganz Deutschland umfassen circa 102 000 Hektar. Mit diesen Jahrgangstabellen oder Wettertabellen lässt sich also nur sehr grob arbeiten. Wer es genau nimmt, muss schon tiefer in den Weingarten blicken.

Und was beeinflusst noch so das Klima in einem Weingarten?

Das Klima in einem Weingarten ist von seinem Umfeld abhängig, was uns das Mikroklima verrät. Wie steil ist der Hang? Ist er sehr steil, dann ist der Winkel der Sonneneinstrahlung für die Pflanzen besser, ebenso der Ablauf des Wassers am Boden, wenn es regnet. Ist oberhalb des Weingartens ein Wald? Der könnte vor kalten Winden schützen, die über die Bergkuppe kommen. In welche Richtung ist der Weingarten gelegen? Nach Süden? Da ist den ganzen Tag über viel Sonne, die Böden sind sehr warm, manchmal fast heiß und trocken. Oder nach Osten? Dann bekommen die Pflanzen die erste Morgensonne ab, der Boden kann sich nicht so extrem aufheizen, da die hoch stehende Sonne weiter Richtung Westen wandert. Eine kleine Mauer im Weingarten kann die Temperatur ebenfalls beeinflussen. So etwas nennt man in Frankreich »Clos« – Eselsbrücke – etwas Ummauertes, Eingeschlossenes … Eine Mauer beeinflusst übrigens nicht nur die Temperatur, sondern sie wurde früher auch zum Schutz vor hungrigen Wildschweinen und Rehen gebaut.

Maritimes Klima

Es gibt ein sogenanntes maritimes Klima (Meeresklima, Seeklima). Es herrscht in der Nähe von Meeren, aber auch von großen Seen. Dort gibt es oft gleichmäßig warme Temperaturen, mit wenig Schwankungen zwischen Sommer und Winter.

Maritimes Klima bedeutet wenig Temperaturschwankungen.

Mediterranes Klima

Am Mittelmeer spricht man dagegen vom mediterranen Klima. Typisch sind heiße Sommer und milde, feuchte Winter. Die Trauben haben durch die kräftige Sonne oft viel Zucker und weniger Säure.

Mediterranes Klima heißt: heiße Sommer und milde, feuchte Winter.

Ein Gewässer in der Umgebung beeinflusst die Windströmungen. Tagsüber ist der Boden wärmer als das Wasser, die warme Luft steigt auf und zirkuliert mit der schwereren, kalten Luft über dem Wasser, die als Wind in den Weingarten zieht. So entsteht ein Kreislauf. In der Nacht kühlt der Boden schnell ab, sodass das Wasser wärmer ist. Der Wind dreht. Die aufgewärmte Luft über dem Wasser steigt nach oben und die kalte schwere Luft vom Weingarten zieht Richtung Gewässer. Der Kreislauf hat nun seine Richtung geändert.

Diese Winde – in manchen Regionen haben sie eigene Namen: in den Alpen werden sie Föhn genannt, an der Rhône und in der Provence Mistral – beeinflussen ganz entscheidend die Qualität der Trauben. Wenn es zum Beispiel geregnet hat oder die Trauben feucht vom Nebel sind, neigen sie natürlicherweise zum Gammeln. Man nennt dies auch Graufäule. Nun weht allerdings ein trocknender Wind durch die lockerbeerigen Trauben und trocknet sie, sodass keine Fäule entsteht.

Kontinentalklima

Mittig oder weit im Landesinneren herrscht das Kontinentalklima. Es sind warme Sommer und kalte Winter, der Unterschied der Jahreszeiten ist sehr groß. Hat die Rebe die Möglichkeit, in allen Klimazonen angebaut zu werden? Nein. Sie hat bestimmte Anforderungen an das Klima, also eine gemäßigte Temperatur, eine bestimmte Menge Niederschlag und natürlich eine bestimmte Anzahl an Sonnenstunden.

Der Boden

Das ist nicht so kompliziert, wie man im ersten Moment vielleicht denken würde. Im eigenen Garten setzt man eine Pflanze und gießt sie an, damit sie zum Anwachsen Wasser zur Verfügung hat. Den Rest macht die Natur schon, vor allem die Sonne und der Regen. Dann blüht eine wunderbare Blume in unserem Garten, wenn man den klimatischen Standort und die Bedürfnisse der Pflanze mit Bedacht gewählt hat.

Wurzeln suchen den einfachsten Weg, um an Wasser zu kommen. Gießt man sie regelmäßig, dann werden die Wurzeln ganz flach und breit, sie müssen nicht viel arbeiten und in die Tiefe vorstoßen, sondern können sich dem Müßiggang hingeben. Sie haben keinen Stress. Wenn man aber vergisst, zu gießen, und es hat einige Zeit nicht geregnet, dann haben mehrjährige Pflanzen, deren Wurzeln tief in die Erde gewachsen sind und das Grundwasser gefunden haben, eine Überlebenschance. Die Pflanzen, deren Wurzeln sich lediglich an der Oberfläche befinden, verdursten sehr schnell.

Als Faustregel gilt, dass man Pflanzen in einem Weingarten tief wurzeln lässt. Sie suchen sich jeden Spalt, jeden Millimeter im Boden, um an Wasser zu gelangen. Da es mehrjährige Pflanzen sind, können ihre Wurzeln sehr tief wandern. Sie finden jede Möglichkeit, um durch Granit, Schiefer, Kalk, Sandstein oder Basalt an das lebenswichtige Grundwasser zu gelangen. Dort finden sie die gelösten Stoffe der Steine, also bestimmte Mineralien, die sie mit dem

Wasser aufnehmen. Das ist einer der Gründe, warum ein Wein vom Schiefer anders schmeckt als ein Wein vom Basalt. Außerdem haben Böden unterschiedliche Eigenschaften. Die einen sind sehr engmaschig und lassen wenig Wasser durch, wie zum Beispiel Ton oder Lehm. Andere haben dagegen eine gute Drainage, wie Buntsandstein oder Kiesel.

Dunkle Böden (Schiefer) heizen übrigens schneller auf als weiße Böden (Kreide) und speichern die Wärme anders und länger.

Es gibt drei Bodenhorizonte:

- A-Horizont: das, was wir an der Oberfläche sehen.
- B-Horizont: unter der Muttererde liegt humusarmer Boden – der Feinbodenhorizont.
- C-Horizont: das Gestein oder der verwitternde Fels im Untergrund.

Granit

Granit findet man häufig im Straßenbau, zum Beispiel als Kopfsteinpflaster oder als Belag in Auffahrten. Es ist eine der härtesten Gesteinsarten – ein Tiefengestein, das unter großem Druck entstanden ist. Aus der Schule kenne ich noch den Spruch »Feldspat, Quarz und Glimmer, die drei vergess ich nimmer«. Granit findet man besonders in Nordportugal, in Baden (Ortenau), an der nördlichen Rhône (Frankreich) und im Beaujolais (Frankreich).

Aber wie bitte sollen sich die zarten, jungen Wurzeln durch diesen harten Stein arbeiten? Die Kombination aus Wasser, den leichten Bewegungen der Erde und der Arbeit der Pflanze selbst lässt den Stein verwittern. So finden die Wurzeln ihren Weg durch den durchlässigeren Granit.

Dieser Granitstein stammt vom Roten Kliff in Morsum. Der Granit hier ist sehr eisenhaltig. Durch die Luft oxidiert das Eisen und es entsteht die typische rote Rostfarbe.

Basalt

Auch Basalt ist ein beliebter Straßenbelag. Er ist vulkanischen Ursprungs, besteht also aus ausgetretenem Magma (Lava), das an der Luft erhärtet ist. Diese Böden sind reich an Mineralstoffen. In Deutschland findet man diese Böden an der Mosel und in der Pfalz. Aber auch der Kaiserstuhl in Baden ist vulkanischen Ursprungs, an der Nahe oder auch an der Ahr findet man Vulkangestein. Und auch vulkanische Inseln wie Sizilien, Teneriffa, Madeira oder Lanzarote profitieren sehr vom Basalt und bringen hervorragende Weine hervor.

Basalt aus der Monopollage Wachenheimer Odinstal aus der Pfalz

Buntsandstein

Buntsandstein ist ein Sedimentgestein, das aus Quarziten zusammengepresst wurde – ein weiches Gestein, das nur einen begrenzten Wasserspeicher bietet und sehr durchlässig ist. Das muss man sich wie am Strand vorstellen, denn wenn es dort regnet, lässt der Sand das Wasser zügig ablaufen.

Die Farben stammen von verschiedenen Mineralien wie Kupfer (Grün) oder Eisen (Rot) und das Gestein entstand durch Ablagerungen von weiträumigen Flusssystemen, die Sand und Ton angeschwemmt haben. Diese Gesteinsformationen findet man vor allem in der Pfalz, im Elsass und in Franken. Außerdem in Mitteleuropa, von der Schweiz bis Polen.

Buntsandstein vom Roten Kliff in Morsum

Kalk

Kalk findet man häufig auf dem Festland oder in den Bergen, da es vor einigen Millionen Jahren Urmeere gab, die das heutige Festland bedeckten. Abgelagerte Korallen, Muschelschalen, Knochen etc. sind über die Zeit zu Kalkstein geworden. Manchmal findet man in den Bergen versteinerte Korallenriffe, etwa in der Steiermark, also mitten in Österreich.

Muschelkalk aus der Monopollage Odinstal in der Pfalz

Kreide ist ebenfalls ein Kalkgestein, das sehr weich ist und genau wie Kalkböden ein extrem guter Wasserspeicher ist. Denken Sie an Ihre Schulzeit und wie lang die Tafelkreide feucht blieb, wenn man sie einmal ins Wasser getunkt hatte. Diese Bodenbeschaffenheit hilft Weingärten in besonders trockenen und heißen Regionen, zum Beispiel in Andalusien (Albariza-Kreide), das Wasser wie ein Schwamm zu speichern, sodass die Pflanzen nicht vertrocknen.

Lehm/Ton

Lehm besteht aus verwitterten Gesteinen und ist eine Zusammensetzung aus Sand, Schluff und Ton, die sich abgelagert haben, also ein Verwitterungsprodukt aus feinkörnigen Partikeln und ein sehr guter Wasserspeicher. Ton besteht aus winzig kleinen Partikeln, die durch Feuchtigkeit aufquellen, aneinanderkleben und leicht verformbar sind – denken wir an die Töpferei. Weingärten mit Tonböden besitzen oft viel Nässe und speichern das Wasser gut. Man findet Tonböden zum Beispiel im Pomerol.

Manche Rebsorten mögen aber keine Lehm- oder Tonböden, denn sie bekommen dort »nasse Füße«. Sie bevorzugen lieber sandige Böden, die das Wasser gut abführen. Wie man sieht: Reben sind eben auch Individualisten.

Lehm und Ton sind hervorragende Wasserspeicher.

Schiefer

Schiefer ist ein Sedimentgestein mit einer ausgezeichneten Spaltbarkeit. Es handelt sich um einen Tonschlamm, der im Laufe von 350 bis 400 Millionen Jahren durch Druck auf dem Meeresgrund entstanden ist. In Deutschland findet man es hauptsächlich an der Mosel, aber auch am Mittelrhein oder im

Rheingau. In Europa taucht es beispielsweise in Nordportugal und Nordostspanien auf.

Weine von Schieferböden sind oft sehr gut erkennbar, da sie eine sogenannte »Schieferwürze« aufweisen. Eine Freundin meinte mal, es sei, wie wenn man an einem Stein lutscht. Stimmt.

Schiefer aus den Weingärten vom Weingut Joh. Jos. Prüm

Terroir

Ein sehr beliebtes Wort in der Weinsprache und für alle Außenstehenden ein Buch mit sieben Siegeln ist der Begriff »Terroir«. »Das ist ein Terroirwein«, »Man kann das Terroir riechen«, »Typisch für dieses Terroir« – solche Sätze fallen bei professionellen Verkostungen garantiert.

Terroir setzt sich aus Klima und Boden zusammen. Ein kühles Klima wie in der Champagne und der dortige Kreideboden ergeben einen anderen Weintyp als Granitböden und ein warmes Klima im Norden Portugals. Beides hat ganz maßgeblich Einfluss auf den Charakter eines Weines. Außerdem spielt meiner Meinung nach der Mensch noch eine große Rolle beim Terroir, denn jeder Winzer hat eine eigene Handschrift, wie er die Weine ausbaut: in Holz oder in Stahl, mit Luft oder ohne.

Warum aber ist es denn nun so wichtig, all die Gesteinsarten, die verschiedenen klimatischen Gegebenheiten und individuellen Bodenbeschaffenheiten zu kennen und sie auch in einen geografischen Kontext zu bringen?

Weil man mit diesem Wissen Rückschlüsse und Zusammenhänge herstellen kann. Weil man so leichter erkennen kann, womit man es im Glas zu tun hat. Das hilft vor allem bei der absoluten Königsklasse, der Blindverkostung. Was das ist?

Man bekommt einen unbekannten Wein eingeschenkt. Entweder wird er vorab dekantiert oder das Etikett wird durch eine Art Überzieherstrumpf verdeckt, sodass man keinerlei Hinweise auf Herkunft, Rebsorte und Jahrgang erhält. Jetzt gilt es einmal mehr, alle Sinne zu schärfen. Durchatmen, dann Nase tief ins Glas. Durch das Erschnuppern und Verkosten kann man die Rebsorte, den Boden, die Region, den Weingarten, das Jahr und den Winzer einkreisen und manchmal auch erkennen. Theoretisch – denn es erfordert sehr viel Erfahrung. Ich liege häufig falsch, also bitte keine Angst, man kann sich nicht blamieren. Es ist vollkommen normal, sich dabei zu irren.

Die Rebe

Die Rebe ist ein Lianengewächs. Ursprünglich wuchs sie Bäume empor und reckte sich in den Baumkronen der Sonne entgegen. Es gibt verschiedene Untergruppen, wobei es nur eine weintragende gibt, und das ist die Vitis vinifera. Sie muss nicht wie Getreide jedes Jahr neu angepflanzt werden, sondern kann bei guter Pflege mehrere Jahrzehnte alt werden. In Spanien gibt es Anlagen, die über 200 Jahre alt sind. Die Reben werden in bestimmten Abständen in den Weingarten gepflanzt, nicht zu weit weg voneinander, damit sie in Konkurrenz zueinander stehen und tief wurzeln, aber doch mit so großem Abstand, dass sie genügend Sonne bekommen und nicht im Schatten der Nachbarpflanze verdorren.

Rebanlage vom Weingut Odinstal

Wie bei Mama

Man sollte sich merken, dass die Rebe wie eine Mutter zu ihren Kindern ist. Sie möchte sich vermehren und ihre Gene weitergeben. Das heißt, sie wird alle guten Stoffe in den Trauben ablegen und diese so gut wie möglich schützen, damit sie sich erst verteilen, wenn sie die nötige physiologische Reife erlangt haben und zu neuen Pflanzen werden können.

Was bedeutet das?

Zu Beginn wachsen die jungen Blätter, dann die Blüten. Es findet, wie bei allen Pflanzen, Fotosynthese statt. Aus den Blüten werden kleine grüne Trauben, so groß wie Holunderbeeren. Diese sind sehr fest, bauen extrem viel Säure und

Gerbstoffe auf, damit kein Tier auf die Idee kommt, sie zu fressen. In diesem Stadium sind die Trauben schlicht ungenießbar – der Schutz der Mutterrebe.

Im Laufe des Jahres werden die Blätter immer größer und schützen die Trauben vor der Sonne, vor allem vor Austrocknung und Sonnenbrand. Die Mutterrebe verteilt all ihre besten Stoffe so gut wie möglich an alle ihre Traubenkinder. Je mehr Wasser sie zum Beispiel bekommt, desto mehr Wasser lagert sie auch in den Trauben ab, was in einem regenreichen Jahr die Trauben wässriger macht und anfälliger für Pilzkrankheiten.

In warmen Jahren baut sich die Säure schneller ab und es entsteht schneller Zucker. Die Traubenkinder kommen so sehr schnell in die Pubertät und werden somit auch schneller erwachsen. Auch das ist nicht immer gut.

Traubenkinder werden so lange von der Mutter geschützt, bis die Samen reif sind und sich die Pflanze weiter vermehren kann.

Wenn es so weit ist, dass die Samen in der Traube reif sind, baut die Mutterrebe die Säure ab und dafür Zucker auf, damit Tiere kommen, diese fressen und die Samen in der Gegend verteilen, damit es überall kleine, neue Vitis viniferas gibt.

Die große Kunst des Winzers besteht nun darin, den richtigen Zeitpunkt für die Lese zu bestimmen, damit Süße und Säure ausbalanciert sind. Für einen guten Wein braucht es von jedem etwas. Sonst ist er entweder zu sauer oder einfach nur plump. Sind die Trauben noch zu »grün«, schmecken sie auch genauso. Haben die Trauben zu viel Zucker, wird der Wein sehr alkoholreich.

Was kann einer Rebenmutter im Weingarten passieren?

Es gibt große Gefahren im Weingarten, die auf sehr unterschiedliche Weisen bekämpft werden. Einige Winzer setzen auf Chemie, andere arbeiten mit biologischen Mitteln. Wieder andere versuchen, das Immunsystem eines Weingartens zu stärken, damit dieser resistent genug ist, sich selbst zu schützen.

Zu viel Regen ist gefürchtet, denn dann haben viele Pilzarten leichtes Spiel und breiten sich auf den Stämmen, den Blättern und den Trauben aus. Mehltau oder Falscher Mehltau nennt sich das, aber auch Graufäule oder Esca – des Winzers Horror.

Und dann gibt es noch tierische Feinde. Manche Insekten haben es auf die Wurzeln oder die Blüten abgesehen. Es ist also ein ewiger Kampf, den Weingarten gesund zu halten, vor allem in regenreichen Jahren.

Das Klima nimmt sehr großen Einfluss darauf, wie ein Wein später schmecken wird und welche Mengen es gibt. Wohl und Wehe hängen maßgeblich vom Klima und vom Wetter ab. Muss ein Winzer bei der Ernte (Lese) also viel selektieren, weil die Trauben nicht seinen Vorstellungen entsprechen, dann gibt es auch nur kleine Mengen an Wein. Er hat nur diese eine Möglichkeit im Jahr, Trauben zu ernten, und er muss die nicht beeinflussbaren Faktoren als Schicksal akzeptieren. Schlechte, kalte Jahre mit vielen Krankheiten bedeuten daher einen immensen finanziellen Ausfall.

Krankheiten im Weingarten: Pilzbefall, Viren, Traubenwickler, Reblaus und Bakterien

Aber nicht nur zu viel Regen bringt Gefahren mit sich. Auch Hagel ist ein übler Geselle. Kommt er mit seinen harten Körnern zur Blütezeit, droht ein Totalverlust, denn ohne Blüte keine Traube, also kein Ertrag. Auch zu viel Sonne und gar kein Regen sind gefährlich, da hat eine Rebenmutter Trockenstress. Ältere Pflanzen haben es einfacher, da sie tief wurzeln, aber jüngere Pflanzen mit Wurzeln, die noch nicht bis zum Grundwasser reichen, leben gefährlich.

Ernte – die Lese

Nehmen wir mal den Idealfall an: Das Jahr war formvollendet, das Wetter hat mitgespielt, es traten keine Krankheiten auf und die Rebenmutter konnte ihre Traubenkinder in die große, weite Welt schicken – erwachsen genug, um eine eigene Pflanze zu werden. Genau dann beginnt ein sehr aufwendiger Teil der Weinentstehung: die Lese.

Der Winzer entscheidet anhand verschiedener Parameter wie Zuckergehalt, Aroma und Ausgewogenheit der Säure, wann der richtige Zeitpunkt zum Pflücken der Trauben gekommen ist. Dies macht er einerseits durch Verkosten der Trauben, aber auch durch das Messen des Zuckergehaltes des Traubensaftes mit einem sogenannten Refraktometer. Ein Refraktometer ist ein Glasprisma mit einer Fläche, auf der eine Skala anzeigt, wie viel Zuckergehalt der Saft hat, den man darauf presst. In Deutschland misst man ihn mit der Einheit Grad Öchsle, in anderen Ländern gibt man den Zuckergehalt und den somit zu erwartenden Alkoholgehalt mit den Einheiten Brix, Boule oder KMW an.

Es gibt zwei Wege, die Trauben zu lesen: entweder mit einem Vollernter oder per Hand. Mit einem Vollernter fährt man durch die Reihen und erntet maschinell alle Trauben, die er »in seine Finger« bekommt. Die Rebe wird geschüttelt und die Trauben fallen in die dafür vorgesehenen Behältnisse. Durch ein starkes Luftgebläse werden die Trauben von Insekten und Blättern befreit, die Trauben dann nach Gewicht sortiert, wobei zu kleine Exemplare ausgeworfen werden. Der größte Nachteil eines Vollernters ist, dass diese Maschinen grundsätzlich erst mal alles von der Rebanlage abschütteln, was an der Traube hängt. Man kann keine zwei Durchgänge fahren, um Trauben, die doch noch ein bis zwei Tage warten könnten, hängen zu lassen. Außerdem können die Reben durch das Schütteln verletzt werden oder die Fruchtruten werden mit abgerissen, die man für die Ernte im nächsten Jahr braucht. Kein Wunder also, dass wirklich gute Winzer nicht gern auf diese Art der Pauschalernte setzen.

Vollernter und Vollernte von oben

Handlese beim Weingut Salwey im Kaiserstuhl

Die Handlese oder Lese per Hand ist ein viel aufwendigerer Prozess, bei dem man sehr viel Manpower benötigt. Jede einzelne Rispe wird auf Gesundheit überprüft und dann von der Lesegruppe eingesammelt, hängen gelassen oder, wenn faule Trauben dabei sind, einfach auf den Boden geworfen. Ein zeitaufwendiger Prozess, der allerdings eine bessere Selektion der Trauben bietet.

Die meisten Winzer haben ein festes Leseteam, das die Arbeit schon seit vielen Jahren übernimmt und entsprechend erfahren ist. Weitere Hilfe kommt von Praktikanten oder Aushilfen. Die meisten Winzer freuen sich über diese Unterstützung. Es ist ein wirklich anstrengender Job, der aber in der Gruppe viel Spaß macht und einem den Weingarten und das Verständnis für die Preise näherbringt.

Der große Vorteil bei der Handlese ist das individuelle und erfahrene Auge, das sorgsam selektiert und prüft. Keine Maschine kann diesen Prozess ersetzen und die Reben mit ihren Trauben so individuell behandeln. Dass diese Art der Lese natürlich mit hohen Kosten verbunden ist, liegt nahe. Man braucht viele Menschen und viel Zeit. Aber das Bewusstsein für das Leben im Weingarten in seiner ganzen Komplexität ist natürlich ein ganz anderes als bei der maschinellen Ernte. Und außerdem ist es einfach schön, wenn Menschen sich auf diese Weise begegnen, sich kennenlernen, sich mittags zur Vesper treffen und am Abend stolz ihre Ernte zeigen.

Wer übrigens Lust hat, auch mal dabei zu sein, findet im Internet jede Menge Möglichkeiten für einen vinophilen Aktivurlaub.

Weißwein

Wenn die Trauben geerntet wurden, kommen sie in eine Presse oder Kelter, daher nennt man diesen Pressvorgang »keltern«.

Was passiert da genau?

Der Saft wird mit sanftem Druck, ohne dass die Kerne zerstört werden, aus den Trauben gepresst.

Warum presst man nicht so stark, dass der gesamte Saft aus den Trauben kommt, wie bei einer Orangenpresse?

Stellen Sie sich herrlich pralle Trauben vom Markt vor, die Sie in Ihren Einkaufskorb legen. Wahrscheinlich werden Sie beim Einkauf nachfragen, ob diese kernlos sind, und mit Sicherheit bekommen Sie ein »Ja« zur Antwort. Die meisten Verzehrtrauben haben keine Kerne mehr, denn sie werden schlicht weggezüchtet, weil kaum jemand auf diese kleinen, harten Dinger beißen will. Dieses leicht herbe, holzige, gerbstoffbetonte Gefühl im Mund, das an einen Pelzmantel denken lässt, ist schon gewöhnungsbedürftig. In einem leichten, frischen, fruchtigen Weißwein wäre das doch ziemlich störend. Das ist also der Grund, warum man die hellen Trauben nur sehr behutsam presst, um die kleinen Kerne nicht zu quetschen. Den Saft, der nun durch Hefen in einen Gärungsprozess startet, nennt man Most. Die klassische Mostgärung beginnt.

Weißweintrauben vom Weingut Salwey

Rotwein

Bei roten Trauben ist der Saft zunächst ebenfalls weiß, denn die Farbpigmente sitzen in der Schalenhaut. Um einen Rotwein zu gewinnen, müssen also die Farbstoffe aus der Schalenhaut in den Saft gelangen. Wie das funktioniert? Mürbe machen ist das Stichwort. Fachlich durch Mazeration. Der Begriff stammt aus dem Lateinischen *macerare*, was so viel bedeutet wie »mürbe machen«, »auslaugen«, »quälen«, »zermürben«. Durch Enzyme, Bakterien und Hefen werden Farb- und Gerbstoffe aus den Traubenschalen »ausgelaugt« und gelangen so in den Most.

Rotweintrauben vom Weingut Salwey

Der liegt noch auf der Maische ...

Man nennt diesen Vorgang auch »auf der Maische liegen« oder »Maischegärung«. Bei mir hat es lange gedauert, bis ich begriffen habe, dass »auf der Maische liegen« nicht bedeutet, dass der Wein irgendwo aufliegt, sondern dass die Maische nichts anderes ist als der gärende Saft der Trauben (Most) und die Schalen der Trauben.

Übrigens: Bei vielen Rotweinen werden die Stiele, man nennt sie auch Rappen, entfernt. Dies erfolgt meistens mit speziellen Maschinen, der Vorgang nennt sich deshalb auch »entrappen«. Das ist ähnlich wie mit den Kernen. Die Stiele schmecken holzig, und würden sie gemeinsam mit dem Saft und der Traubenschale gären, gingen die bitteren Gerbstoffe der Stiele in den Wein, was in der Regel nicht gewünscht ist.

Maischegärung beim Weingut Salwey

Die klassische Maischegärung ist nicht die einzige Möglichkeit, Farbstoffe aus den Traubenschalen zu ziehen. Wer einen günstigen, schnell gemachten, direkt zu trinkenden Wein erzeugen möchte, um schneller Geld zu verdienen, nutzt das Maischeerhitzungsverfahren. Bei einer Langzeiterwärmung wird die Maische für circa zwei Stunden auf 50 bis 55 Grad Celsius erhitzt, bei einer Kurzzeit-Hocherhitzung wenige Minuten auf circa 80 Grad Celsius. Beide Verfahren lösen den Zellverband der Schale auf und schwemmen die Farbstoffe aus.

Rosé

Ein Roséwein oder ein Blanc de Noir wird aus Rotweintrauben nach dem Weißweinverfahren hergestellt, also nach der Mostgärung. Durch das direkte Abpressen gelangt nur der weiße Saft und wenig bis kein Farbstoff aus den Traubenschalen in den Most. Um mehr Farbe in den Rosé zu bekommen und auch ein paar Gerbstoffe mehr, lässt man die Trauben und den Most (die Maische) ein paar Stunden stehen – die sogenannte Maischestandzeit –, bevor sie abgepresst werden. So gelangt nur ein wenig der Farbpigmente aus den Traubenschalen in den Saft. Je länger die Maischestandzeit dauert, desto kräftiger wird die Rosé-Farbe.

Verschiedene Rosé-Farben

»Frau Sommelière, ich hab da mal 'ne Frage«

Was ist ein Orange-Wein?

Wie anfänglich bei der Kellertechnik erläutert, stellt man einen Rotwein mit einer Maischegärung her. Daher kommt die Farbe im Wein. Dies kann man auch mit anderen Traubensorten machen. Bei weißen Sorten gelangen helle Farbpigmente in den Wein, aber auch Gerbstoffe, die in den Traubenschalen sitzen. Dann gibt es noch die »grauen« Sorten wie Grauburgunder, Grenache Gris und andere. Sie haben eine hellrote Schale. Lässt man sie auf der Maische liegen, also Saft und Schalen zusammen, dann wandern die Farbpigmente der Schale durch die Enzyme in den Saft, genau wie beim Rotwein, und man erhält eine Art orangefarbenen oder rosafarbenen Wein. Aber nicht nur das. Der Wein bekommt auch Gerbstoffe und eine Tanninstruktur. Meistens nicht so ausgeprägt wie bei Rotweinen, aber doch spürbar. Beim Orange-Wein bleibt der Schalenkontakt allerdings meistens viel länger als beim Rotwein, bevor er abgepresst wird.

Diese Art von Weinen wird oft in Amphoren oder sogenannten Kvevri, auch Quevri geschrieben, ausgebaut, eine Machart, die aus Georgien stammt und circa 5000 Jahre alt ist.

Die Weine sind meistens nicht Everybody's Darling und haben ordentlich Kanten und Ecken. Man muss sich etwas »eintrinken« und herantasten, aber es lohnt sich.

Die Komplexität der Kellerarbeit

Unsere Trauben sind nun gepresst, vergoren und es ist – vielleicht durch die Hefe – ein trüber, schleimiger Most entstanden. Wie bekommt man den Wein nun klar in die Flasche?

Wie schützt man den Wein vor Oxidation? Solange er auf der Hefe liegt, ist er vor der Luft sicher. »Auf der Hefe liegen« bedeutet, dass sich der junge Wein noch im Fass befindet und die Hefe, die für die Gärung zuständig ist, noch vollständig mit in dem Gebinde (Fass, Stahl, Amphore, wo auch immer) ist. Da Hefe es als ihre Hauptaufgabe sieht zu leben, veratmet sie als Erstes den ihr zur Verfügung stehenden Sauerstoff, bevor sie sich an den Zucker begibt und diesen in Alkohol umwandelt. Somit schützt sie vor Oxidation, denn die kleinen Hefen können aerob und anaerob leben.

Der erste Schritt, den Wein von der Hefe zu trennen, geschieht durch Filtration oder auch Schwerkraft. Die schwere Hefe setzt sich auf dem Boden des Tanks ab. Den Most kann man dann einfach von oben abziehen und in einen anderen Tank oder ein Fass abfüllen. Man nennt diesen Vorgang die Klärung – den Wein klären, den Wein klar machen.

Ein anderer Eingriff ist die Schönung – den Wein schön machen. Wer im Weingarten nicht genügend selektiert oder vorgearbeitet hat, hat einen nicht ganz »sauberen« Most. Aber nicht nur das. Es kann auch sein, dass das Klima in einem Jahr recht kühl war. Es hat vielleicht viel geregnet, sodass der Wein sehr viel Säure besitzt und zu wenig Zucker. Oder das Jahr war zu warm, sodass zu viel Zucker und zu wenig Säure den Wein bestimmen. Vielleicht waren die Trauben noch nicht ganz reif, als sie geerntet wurden. Und es gibt nur eine einzige Lese pro Jahr. Als Schönung gilt zum Beispiel die Zugabe von Zucker, damit die Hefen mehr zu arbeiten haben und der Wein mehr Alkohol bekommt (Chaptalisation). Umgekehrt wird das sogenannte Säuremanagement angewandt, bei dem mithilfe von beispielsweise Kaliumhydrogentartrat die Säure im Wein herausgenommen wird. Dieser Effekt lässt sich auch mit einer Eiweißstabilisierung erreichen. Dabei wird Hühnereiweiß in den Wein gegeben, an das sich unerwünschte Stoffe binden, die dann gemeinsam ausfallen. Bei einer Gelantineschönung werden Kollagen von Knochen, Knorpel, Häuten oder Hausenblase (Fisch- oder Schwimmblase) hinzugefügt, die zu hohe Gerbstoffe, Geruchs- oder Geschmacksfehler ausfallen lassen. Das ist wie beim Kochen, wenn man Klärfleisch benutzt.

Woran erkennt man nun, wie der Wein gemacht wurde? Da gilt vor allem: Wer keinen Wein haben möchte, der mit Knochen oder anderem geschönt wurde, sollte grundsätzlich etwas mehr Geld in die Hand nehmen. Bio- oder biodynamische Weine haben strenge Bestimmungen, welche die soeben beschriebenen Schönungen nicht zulassen, oder man bestellt direkt beim Winzer seines Vertrauens.

Die Gärung

Bei diesem Begriff denkt man sofort an die legendäre Feuerzangenbowle, in der Chemieprofessor Heinz Rühmann und seinen Mitschülern die alkoholische Gärung erklärt. Dabei fressen Hefen den Zucker, wodurch Alkohol und CO_2 entstehen. Das hört sich superleicht an. So einfach ist es aber dann doch nicht. Es gibt nämlich verschiedene Arten von Hefen, die man einsetzen kann.

Die sogenannte Reinzuchthefe ist ein Arbeitstier. Man gibt sie beispielsweise in Form von Trockenhefe in den Traubensaft, und sie fängt sofort an zu arbeiten und macht erst Feierabend, wenn erstens kein Zucker mehr da ist, sie zweitens durch Schwefel- oder Alkoholzugabe abgetötet wird, es drittens zu kalt ist oder sie viertens durch Filtration herausgenommen wird.

Verschiedene Züchtungen dieser Reinzuchthefen bringen außerdem bestimmte Aromen in den Wein, zum Beispiel Maracujaaromen.

Die spontane Gärung mit weinbergseigenen, sogenannten wilden oder natürlichen Hefen, die auf den Traubenschalen sitzen, erinnern eher an Hippies. Sie arbeiten, wenn sie Lust haben, und hören auf, wenn sie nicht mehr mögen. Vielleicht fangen sie noch mal mit ihrer Arbeit an, man weiß es nicht genau. Und die Gärung mit diesen Hefen dauert einfach etwas länger – Zeit ist hier also ein wichtiger Faktor. Ansonsten kann man sie genauso stoppen wie alle anderen Hefen auch. Natürliche Hefen können keine speziell gesteuerten Aromen hervorbringen, die Weine sind aber oft etwas »kräutriger« im Duft.

Generell gilt: Jede Hefe ernährt sich als Erstes von Sauerstoff, bevor sie sich dem Zucker hingibt. Das bedeutet im Umkehrschluss (wie schon erwähnt): Hefe schützt vor Oxidation.

Schwefel, Eiweiß, Gelatine, Reinzuchthefe, Zucker – die Zutaten für die Kellerarbeit

Was bedeutet »Enthält Sulfite«?

Sie gehen wieder einkaufen und befinden sich in der Obstabteilung. Kaufen Sie einen Apfel. Schneiden Sie den Apfel zu Hause auf und lassen Sie ihn liegen. Innerhalb von kürzester Zeit werden die Schnittstellen braun. Sie oxidieren. Sauerstoff ist der Feind des Apfels und das gilt auch für Weintrauben. Da ist also noch die heikle Sache mit der Luft.

Beim Einkaufen fallen Ihnen auch die getrockneten Aprikosen auf, die es in brauner Farbe ohne Schwefel und in oranger Farbe, also geschwefelt, gibt. Schwefel schützt vor Oxidation, also vor Sauerstoff. Somit ist Schwefeldioxid, kurz SO_2, ein wichtiger Bestandteil beim Wein. Auf den Flaschen muss nach EU-Recht immer der Hinweis »Enthält Sulfite« stehen, wenn Schwefel zugegeben wurde, was bei den meisten Weinen der Fall ist. Auf Weine, die trüb abgefüllt worden sind, also mit Hefesatz, trifft das nicht zu. Der Hefesatz schützt vor Luft und es muss kein Schwefel mehr zur Haltbarmachung hinzugegeben werden.

Grundsätzlich kann man sagen, dass Rotwein am wenigsten Schwefel hat, dann folgt Weißwein und zum Schluss kommen die ganz süßen Weine. Sie benötigen am meisten Schwefel, vergleichbar mit kandierten Früchten.

Aber auch bei einer Fermentation, also Gärung, entstehen schwefelige Verbindungen.

Sauerstoff lässt Früchte oxidieren, braun werden, und ist ein großer Feind der Weine.

Schaumwein und Perlwein

Ich trinke sehr gerne Sekt oder Champagner, nicht nur, wenn es etwas zu feiern gibt, sondern auch als Aperitif. Einfach so oder gerne auch zum Essen. Einen Champagner für eine »besondere Gelegenheit« aufzubewahren, ist in der Regel nicht sinnvoll. Warum? Oft ergibt sich keine »besondere Gelegenheit« und die Flasche liegt so vor sich hin, was sie nicht besser macht. Schaumweine werden meistens in den Verkauf gebracht, um direkt genossen zu werden.

Aber wie entsteht eigentlich Schaumwein und was ist ein Perlwein?

Beim Perlwein handelt es sich um einen Wein, dem meistens Kohlensäure zugegeben wird. Er darf aber auch bei der ersten oder zweiten Gärung entstehen. Eigentlich dreht es sich um den Druck, den der Wein hat. Ein Perlwein hat einen Druck zwischen 1 und 2,5 Bar, als Schaumwein wird ein Wein ab 3 Bar eingestuft. Zum Vergleich: Ein Autoreifen hat einen Druck von circa 2,5 Bar.

Sekt, Champagner, Cava, Franciacorta und Crémant sind Schaumweine, deren Perlen durch eine zweite Gärung entstanden sind.

Perlweine werden Frizzante, Vin pétillant und Secco genannt.

Sekt, Cave, Franciacorta, Spumante, Champagner, Vino Espumante, Crémant sind Schaumweine.

Was bedeutet eine zweite Gärung?

Man nehme den Grundwein, der wie oben beschrieben ausgebaut wurde. Um eine zweite Gärung einzuleiten, werden diesem Zucker und Hefe hinzugefügt. Dann lässt man das Ganze entweder in Flaschen (Flaschengärung) oder in einem Tank gären, aus dem kein Druck entweichen kann, und Kohlensäure entsteht. Bei einer Flaschengärung, wie es zum Beispiel beim Champagner oder einem Winzersekt stattfindet, ist tatsächlich die Flasche, die man zu Hause auf den Tisch stellt, diejenige, in der er auch hergestellt wurde und in der sich die Kohlensäure gebildet hat. Diese Art von Weinen ist in der Produktion kostenintensiver, was sich in den höheren Preisen im Handel niederschlägt.

Ein Frizzante, Secco oder Perlwein ist meistens ein Wein, der mit einem großen »Soda Stream« mit Kohlensäure versetzt wurde. Wie Cola, Limonaden oder Mineralwasser. Diese Produkte sind meistens nicht so hochwertig, somit auch günstiger im Preis – was aber nicht bedeutet, dass sie nicht schmecken würden.

Na?

ALLES BEHALTEN?

Kleiner Test Weinbau und Kellertechnik

1. Was ist ein Mikroklima?

A Ein großräumiger Bereich von mehreren Hundert Kilometern
B Eine kleinräumige Stelle im Garten
C Die Temperaturen im Sommer sind ähnlich wie im Winter

2. Wo kommt ein maritimes Klima vor?

A In den Bergen
B An der Küste und an großen Gewässern
C Im Mittelmeerraum

3. Wie ist Basalt entstanden?

A Durch hohen Druck in der Erde
B Durch Lava, die aus einem Vulkan ausgetreten ist
C Durch Verwitterung von Buntsandstein

4. Woraus besteht der »A – Horizont« des Bodens?

A Aus humusreicher Auflage
B Aus nacktem Fels
C Es gibt keinen Horizont im Boden

5. Was ist Terroir?

A Das Klima
B Der Boden
C Die Kombination von Boden und Klima (und der Einfluss des Menschen)

6. Was ist ein Refraktometer?

A Ein Messgerät für Zucker
B Ein Messgerät für Säure
C Eine Fassgröße

7. Was bedeutet »auf der Maische liegen«?

A Saft und Traubenschalen sind zusammen in einem Behälter
B Der Winzer hält ein kleines Nickerchen
C Der Saft liegt in einem Holzfass

8. Was ist eine mögliche Variante, um die Gärung zu stoppen?

A Zugabe von Zucker
B Zugabe von Alkohol
C Zugabe von Kohlensäure

9. Was versteht man unter »Schönung«?

A Die Zugabe von Hühnereiweiß
B Die Reben im Weingarten von Blättern befreien und »schön« machen
C Den Most von der Hefe abziehen

10. Was ist ein Prosecco Frizzante?

A Ein Schaumwein aus Italien
B Ein Champagner
C Ein Perlwein aus Italien

Sensorik – DIE DREI DETEKTIVE

Zurück nach Duisburg in den Feierabend. Bei den ersten Verkostungen erschnupperte ich nur Wein und fragte mich, warum zum Teufel alle über Äpfel, Vanille oder andere Früchte reden. Hat der Winzer auch Äpfel in das Fass geschmissen? Oder standen Apfelkisten mit im Weinkeller, sodass das Aroma in den Wein übergegangen ist? Das konnte ich mir am Anfang einfach nicht erklären.

Die größte Frage, die ich mir dabei immer gestellt habe, war, warum ich nicht sofort den Duft von Äpfeln oder Bananen wahrnehmen konnte, sondern immer erst, wenn jemand sagte, es rieche nach Äpfeln oder Bananen. Dann kam auf einmal das »Ah ja, ich rieche es auch«. Besonders lächerlich fand ich mal die Aussage, der Wein rieche, als ob man an der Innenseite der Apfelschale schnuppern würde. Damals habe ich es nicht verstanden oder verstehen können. Heute ergibt diese Aussage für mich Sinn.

Nach ein paar weiteren Versuchen erschnupperte ich hinter dem Weinaroma mehr als zu Beginn. Da waren sie plötzlich – die Äpfel, Birnen und Zitrusfrüchte. Erst unscharf, dann immer klarer. Einige Schlüsselerlebnisse hatte ich, als ich die ersten gereiften Rieslinge in meinem Glas hatte. Es duftete nach Apfel, aber das war nicht meine erste Idee zu dem Aroma, sondern ich fühlte mich in meine Kindheit versetzt. Als kleines Mädchen bin ich oft bei meiner Tante Gertrud gewesen. Sie hatte Äpfel in Holzkisten im Keller eingelagert und wenn man zum Sandkasten wollte, musste man daran vorbeigehen. Der Keller bei meiner Tante Gertrud roch genauso wie der Wein. Was für eine schöne Erinnerung!

Und damit hat sich dann auch die Frage erübrigt, ob Äpfel in den Fässern vergoren werden oder das Aroma über die Luft in den Wein übertragen wird. Denn wie sollte das Kelleraroma meiner Kindheit in den Wein gelangen?

Die drei Detektive: Auge, Nase, Mund

Das Auge

Das Auge isst bekanntlich mit, sagt man gerne. In unserem Fall trinkt das Auge mit. Fast 50 Prozent beeinflusst das Auge das Trinken. Rotwein oder Weißwein? Schaumwein? Der erste Detektiv zeigt uns grundsätzlich erst mal die Farbe des Weins an. Ist es ein heller Wein, ein dunkler Wein? Ist er trüb oder klar, schäumt er oder ist es ein Stillwein?

Allein mit diesen wenigen Attributen ist unser Gehirn schon vorbelastet, ohne überhaupt einen einzigen Schluck verkostet zu haben.

Subjektiv sagt mir das Auge zum Beispiel: »Der Rotwein ist viel zu hell, das kann dir nicht schmecken!« Oder: »Der Weißwein sieht so dunkel aus, der ist bestimmt sehr kräftig. Das magst du nicht.« Oder: »Der Rosé sieht toll aus in der Farbgebung. Der muss super sein. Das schmeckt uns!«

Objektiv sieht es anders aus. Das Auge sagt uns: »Die Farbgebung des Rotweines ist sehr hell. Damit kann ich farbintensive Sorten wie Merlot, Cabernet Sauvignon oder Syrah wahrscheinlich ausschließen.« Oder: »Der Rotwein hat einen leicht orangefarbenen Rand, was den Rückschluss zulässt, der könnte etwas gereift sein.« Oder: »Der Weißwein hat eine hohe Viskosität, was heißt, dass er sehr dicht im Glas ist und sich eher langsam im Glas bewegt, was auf viele Inhaltsstoffe hinweist und vermuten lässt, dass der Wein süßlich schmeckt oder dass er nicht filtriert wurde.«

Oder auch: »Der Schaumwein hat dicke Perlen, er hat ein kurzes Hefelager gehabt oder aber er hat eine deutliche kleine Perlage, die intensiv ist. Dann könnte er ein langes Hefelager gehabt haben.«

Die Nase

Der zweite Detektiv ist die Nase. Aber auch unser größtes Problem. Dieser Detektiv kann nur mit dem Archiv arbeiten. Er kann neue Aromen anlegen oder alte abrufen. Manchmal denkt man, dass man den Geruch kennt, aber man kommt nicht darauf, wonach es riecht. Dann sagt irgendjemand: »Das ist doch Erdbeere«, und zack, da ist es: das Bild der Erdbeere. Wenn ich Ihnen aber erklären würde, dass der Wein nach Wasserkastanie schmeckt, könnten Sie mit meiner Aussage, falls Sie nie an einer Wasserkastanie gerochen haben, nichts anfangen, denn Sie haben keine Erinnerung an ein solches Aroma.

Das Riechen läuft über das limbische System, über Erinnerungen. Deswegen hat man auch manchmal einen Duft in der Nase, der einen in die Vergangenheit versetzt, zum Beispiel in Tante Gertruds Keller mit den Apfelkisten.

Das bedeutet im Umkehrschluss: Riechen und die dabei wahrgenommenen Düfte und Assoziationen sind eine subjektive Angelegenheit und niemand kann behaupten, dass ich etwas nicht rieche. Man liegt nicht falsch.

Auf der anderen Seite gibt es, wie hier in meinem Buch, bestimmte Attribute, die den einzelnen Rebsorten zugeschrieben werden. Das heißt, dass die Wahrscheinlichkeit, dass ein Riesling nach Holunderbeere duftet, doch recht unwahrscheinlich ist.

Warum können einige Menschen Duft besser in Worte fassen als andere?
Sie haben den Duft mit einem Bild in Zusammenhang gebracht. Wenn man eine Erdbeere mit dem Bewusstsein »So riecht Erdbeere« isst, dann ist es auch einfacher, sie hinterher wiederzuerkennen. Das »Geheimnis«: Man kann Düfte katalogisieren. Damit können wir unseren zweiten Detektiv unterstützen.

Das Riechzentrum ist mit dem Sehzentrum verbunden. Durch eine Farbe können wir uns ein bestimmtes Aroma vorstellen. Hellgrün assoziiert keinen kräftigen Rotwein mit Brombeeraroma, sondern eher einen leichten, frischen Weißwein mit Apfelnoten oder Stachelbeerdüften. Deswegen ist es oft einfacher, sich über eine Farbe an die Duftnoten heranzutasten. Der Wein duftet eher hellgrün? Dann kommen mir schon verschiedene Ideen in den Kopf: Vegetabil? Also krautig, nach Heu riechend, grasig? Oder eher fruchtig wie Kernobst? Apfel, Birne, Quitte? Wenn vegetabil, dann eher getrocknete Kräuter? Oder frische? Okay. Frische Kräuter. Dann: welche? Aromatische Kräuter wie zum Beispiel Minze oder Estragon? Oder eher Petersilie? Genau so kreist man seine Assoziationen langsam ein und kommt einer Richtung auf die Spur.

Der Mund

Mit dem Mund kann man schmecken. Die Geschmacksrichtungen sind: süß, sauer, salzig, bitter, umami (herzhaft). Der Geschmackssinn ist ein »Nahsinn«, was nur bedeutet, dass der Reizstoff auf die Zunge gelangen muss, um erkannt zu werden. Man kann Geschmacksrichtungen nicht riechen!

Wenn man glaubt, etwas rieche süß, spielt einem die Erinnerung einen Streich, weil man an etwas denkt, das süß geschmeckt hat. Aber es muss eben nicht süß schmecken. Alles, was man beim Schmecken an Mehraroma wahrnimmt, wird retronasal wahrgenommen. Also die Erdbeere ist sehr süß (Zunge) und »schmeckt« intensiv nach Erdbeere. Doch das ist lediglich ein Kommunikationsfehler, da wir retronasales Riechen als Schmecken interpretieren.

Bei einer Erkältung behauptet man oft, nichts zu schmecken. Das stimmt aber nicht. Denn der Nahsinn der Zunge kann durchaus Süße, Salzigkeit, Bitternoten oder Saures wahrnehmen. Lediglich die Schleimhäute der Nase sind angeschwollen, sodass die Duftmoleküle nicht andocken können. So kann man nichts riechen.

Allgemein kann man sagen, dass die »Reizschwellen« – also wann man zum Beispiel sauer als sauer oder sehr sauer wahrnimmt – unterschiedlich sind.

Der Tastsinn

Der geheime Helfer des dritten Detektivs

Temperatur, Gerbstoffe oder Kohlensäure kann man weder riechen noch schmecken. Man kann es nur fühlen. Sie fühlen mit dem sogenannten Trigeminus, dem dreigeteilten Gesichtsnerv, und dem Vagusnerv. Wenn Sie sich einen schwarzen Tee kochen, aber vergessen, den Beutel herauszunehmen, und ihn erst später trinken, werden Sie fühlen, dass der Tee den Mund komplett austrocknet. Man nennt dieses Austrocknen des Mundes »Adstringenz«. Der Begriff kommt von dem lateinischen Verb *astringere* und bedeutet »zusammenziehen«.

Woher das kommt?

Gerbstoffe reagieren mit rohem Eiweiß der Mundschleimhaut, das Eiweiß fällt aus. Wenn Sie zum Beispiel rohe Austern mit einem gerbstoffbetonten Rotwein trinken, würden sich die Austern krisselig anfühlen. Der Trigeminus lässt uns warm oder kalt im Mund erfühlen. Aber auch Gerbstoffe. Dies ist besonders beim Rotwein der Fall. In den Schalenhäuten sitzen die Farbstoffe, Phenole und Gerbstoffe, die den gleichen Effekt hervorrufen. Bei gerbstoffbetonten Rotweinen etwas mehr, bei gerbstoffarmen Rotweinen weniger. Es hat nicht zwingend etwas mit der Farbe zu tun, denn die Gerbstoffe können ebenso gut aus den Rappen (Stielen) kommen.

Eine andere Wahrnehmung mit dem Trigeminus ist Schärfe. Jeder kennt das Gefühl von einem zu scharfen Gericht, wenn man nicht mehr unterscheiden kann, ob es heiß oder scharf ist. Oder eine kühle Schärfe wie Meerrettich oder Minze. Nehmen Sie mal ein kräftiges Minzbonbon in den Mund und trinken Sie einen Schluck kaltes Wasser darauf. Auch das kann wehtun.

Alkohol ist ein Nervengift, auch den fühlen wir. Er kann flüchtig sein, was man sofort fühlt, wenn man die Nase zu tief in ein Schnapsglas hält, oder wärmend, wie ein Wein, dessen Alkohol nicht gut eingebunden ist.

Kennen Sie Essigessenz? Das wäre ein deutliches Beispiel von flüchtiger Säure oder wie die coolen Kids sagen »der hat Flüchtige«. Sauer kann man nicht riechen, aber Essig beispielsweise ist ein flüchtiges Produkt, das sich aus der Flüssigkeit löst und in einen anderen Aggregatzustand verwandelt. So springt sofort unser dreigeteilter Gesichtsnerv an, es kitzelt in der Nase, was so weit gehen kann, dass wir niesen müssen.

Hat ein Wein zu viel »flüchtige« Säuren, wird dies als Weinfehler verstanden. Das kann bis hin zu einem »Essigstich« gehen.

»Frau Sommelière, ich hab da mal 'ne Frage«

Warum servieren Sie den Rotwein so kalt und den Weißwein so warm?

Jeder Wein hat eine andere Serviertemperatur. Beim Champagner wären circa 5 Grad Celsius optimal, beim leichten, frischen Weißwein oder einem frischen, fruchtigen Rosé circa 7 bis 10 Grad Celsius.

Je kräftiger, komplexer oder hochwertiger ein Weißwein ist, desto wärmer würde ich ihn trinken, da er weniger Aromen preisgibt, wenn er zu kalt getrunken wird.

Beim Rotwein sieht die Welt wieder anders aus. Früher hieß es: Zimmertemperatur. Heute ist durch die Heizung die Zimmertemperatur recht hoch. Der Rotwein wäre zu warm, sodass als Erstes der Alkohol in die Nase steigen würde. Ich serviere Rotweine lieber bei 14 bis 16 Grad Celsius. Sie werden im Normalfall von allein wärmer.

Tipp

Wenn der Weißwein zu warm ist ...

Zu Hause: Frappieren Sie die Flasche – Eiskübel, Wasser, Salz und die Flasche darin drehen. Sie kühlt pro Minute um ein Grad Celsius runter.

Im Restaurant: Bitten Sie den Kellner, die Flasche ins Eis zu stellen, und warten Sie einen Moment, bevor Sie sich wieder nachschenken lassen.

Wenn der Rotwein zu warm ist ...

Zu Hause: Kühlschrank oder kurz in einen Eiskübel stellen.

Im Restaurant: Bitten Sie den Kellner, den Rotwein in den Rotweinkühlschrank zu stellen, damit er nicht zu warm wird, oder kurz ins Eis zu legen.

Ist der Wein zu kalt, egal wo und egal welcher, hilft es nur, mit den Händen den Wein zu wärmen oder zu warten.

Wein zu warm? Dann hilft, ihn zu frappieren: den Wein mit Salz, Wasser und Eis runterkühlen.

Wein zu kalt? Einfach mit den Händen etwas mehr Temperatur geben.

Theorie und Praxis

Da wir jetzt alles auseinanderklamüsert haben, was mit uns bei einer Weinverkostung passiert, müssen wir es nur noch zusammensetzen. Gekonnt das Weinglas aus dem Handgelenk schwingen und die Nase elegant ins Glas halten, einen tiefen Zug einatmen, einen Verkostungsschluck in den Mund nehmen, fein schlürfen, ohne unsere Mitmenschen zu stören, wissend nicken und den Wein bewerten, erkennen und genau wissen, was wir heute dazu kochen werden.

Keine Angst. Mehr ist es nicht. Kein Zauber. Wahrscheinlich wissen Sie jetzt schon mehr als viele Möchtegern-Weintrinker, die mit ihrem »Etikettenwein« einfach nur angeben möchten, nur hoch bewerteten Bordeaux trinken und großkotzig ihren Tischnachbarn erklären, dass sie mehr wissen als der Sommelier.

Wir müssen jetzt nur noch gemeinsam die Praxis üben.

1. Das Glas schwenken – sieht leichter aus als getan. Am einfachsten ist es, mit dem Glasfuß auf dem Tisch zu beginnen. Einfach flach auf der Tischplatte kreisen lassen und darauf achten, dass der Wein nicht im Glas hin und her schwappt, sondern sich dreht. Warum man das macht? Ganz einfach, um die Oberfläche des Weins zu vergrößern, damit sich mehr Duftmoleküle lösen und man mehr riechen kann.

2. Verkosten – nehmen Sie einen kleinen Schluck und lassen Sie ihn durch den Mund hin und her laufen. Saugen Sie dazu etwas Luft ein. Bringen Sie auch hier im Mund etwas mehr Luft an den Wein, damit Sie die Duftstoffe retronasal besser wahrnehmen können. Aber bitte nicht zu laut! Ich finde, es gibt nichts Bescheuerteres als Aufschneider, die bei Verkostungen den ganzen Raum mit ihrem Geschlürfe nerven. Völlig unsexy.

3. Bei einer professionellen Verkostung käme dann der Punkt, den Wein auszuspucken. Das macht man, um den Tag zu überstehen und die nächsten 30 Weine noch verkosten zu können, ohne vom Stuhl zu fallen. Zieren Sie sich nicht. Greifen Sie beherzt zu einem Spucki, der möglicherweise bereitsteht, und spucken Sie den Wein kurz und möglichst leise hinein. Unter professionellen Verkostern ist das eine völlig normale Angelegenheit. Man wird eher schräg angeschaut, wenn man jedes Glas trinkt und irgendwann unter Sprachverlust leidet. Wenn kein Spucki bereitsteht, fragen Sie den Gastgeber danach. Wenn Sie allerdings auf einer privaten Veranstaltung sind, wo das Trinken an erster Stelle steht, dann fragen Sie besser nicht. Denn auch dann werden Sie blöd angeschaut.

4. Beschreibung des Weins – versuchen Sie, so objektiv wie möglich den Wein zu beschreiben. Das ist nicht so einfach, denn oft werden sehr schnell Kommentare wie »ein sehr guter Wein«, »toller Wein«, »mega Stoff«, »Das ist groß« in die Runde gerufen. Alle diese Attribute sind subjektiv. Vielleicht

finden Sie den Wein nicht »schön«, auch wenn ich ihn so empfinde, weil es mein Geschmack ist? Man muss anders an die Sache rangehen, ein wenig mehr mit Plan, Struktur und analytischem Blick – dann hat man einfach eine höhere Wahrscheinlichkeit, den Stoff im Glas einzuordnen. Am besten nutzt man Verkostungstabellen, die einen durch eine Verkostung navigieren und einen dazu zwingen, den Blick zu schärfen. Die Tabellen kann man sich auch einfach im Kopf zusammenschreiben. Farbe? Duft? Der Grad der Säure auf einer Skala von 1 bis 10? Der Grad der Süße von 1 bis 10? Mineralität (Salzigkeit) von 1 bis 10? Der der Bitterkeit von 1 bis 10? Der Gehalt an Gerbstoffen von 1 bis 10? Der Alkoholgehalt von 1 bis 10?

5. Fühlen Sie nach. Lassen Sie sich Zeit. Nehmen Sie noch einen Schluck. Wie lange bleibt der Wein im Mund? Sticht eines der Attribute hervor? Bleibt die Mineralität länger als die Säure? Oder bleibt alles gleich lang? Was heißt eigentlich »lang« oder »kurz«? Geht der Wein »in die Unendlichkeit«? Fragen über Fragen.

6. Ich möchte noch mal betonen: Es ist nichts falsch. Sie verkosten lediglich Wein und das macht Spaß. Wir operieren nicht am offenen Herzen, also keine ernste Angelegenheit. Man darf durchaus auch lachen. Vor allen Dingen – Sie machen nichts falsch. Und wenn der eine oder der andere in der Runde schon fertig ist mit seiner Verkostung, na und? Es ist kein Wettrennen, sondern der Versuch, das subjektive Empfinden in objektive Beobachtungen zu fassen und mit anderen zu teilen, gemeinsamer Weingenuss, Geselligkeit, Historie, Spaß – das sind die passenden Attribute beim Weintrinken, und genau so macht es dann einfach riesengroßen Spaß.

Keine Angst vorm Spucken!

»Frau Sommelière, ich hab da mal 'ne Frage«

Bei wie viel Grad serviere ich den Wein?

Schaumwein und Perlwein wie Sekt, Champagne, Prosecco etc.
5–7 °C

leichte Weißweine
7–9 °C

kräftige Weißweine
8–10 °C

Roséwein
8–10 °C

edelsüße Weine
10–12 °C

junge, leichte Rotweine
12–14 °C

kräftige Rotweine
16–18 °C

kräftige Rotweine mit viel Gerbstoff
18–20 °C

All das sind nur Empfehlungen und Richtwerte. Nur wenige Menschen messen die Temperatur eines Weines. Doch es gibt sogar extra Weinthermometer.

Ich trinke meine Weißweine kalt, aber nicht zu kalt, und meine Rotweine auch. Die Weißweine kommen aus dem Kühlschrank und die Rotweine lagern bei Kellertemperatur.

Da ich zu Hause keine Eismaschine habe, um Weißwein in einen Weinkühler zu stellen, habe ich Kühlmanschetten, die hervorragend in das kleine Tiefkühlfach meines Kühlschranks passen.

Wie erkennt man die Qualität eines Weines?

Ein Wein sollte in erster Linie schmecken. Egal, ob er 2 oder 50 Euro kostet. Warum sollte man sich mit einem hochpreisigen Wein auseinandersetzen, vielleicht den ganzen Abend, wenn er einem überhaupt nicht zusagt? Dafür ist das Geld schlicht zu schade.

Um die Qualität eines Weines zu erkennen, ist das Zusammenspiel aller Komponenten nötig, die wir in mühsamer Kleinstarbeit auseinanderklamüsert haben. Wenn diese ausgewogen sind, also keine überhandnimmt, und wenn keine Komponente durch eine zweite abgepuffert wird, kann man von Qualität sprechen.

Was bedeutet das im Klartext?

Wenn man ein Salatdressing anrührt, nimmt man im Normalfall einen Teil Essig und zwei Teile Öl, etwas Salz, eine Prise Zucker und vielleicht noch Senf. Gut vermischt sollte dies ein ausgewogenes Dressing werden. Wenn man von einer Zutat zu viel einsetzt, wird das Dressing entweder zu sauer, zu süß oder zu salzig. Vielleicht auch einfach nur plump durch zu viel Öl.

Beim Wein hat man manchmal eine knackige Säure, die aber durch die Mineralität des Weines gut ausgeglichen wird. Oder durch den vollen Körper, wenn der Wein etwas kräftiger ist. Wäre die Säure nicht da, würde der Wein genauso plump sein wie das Öldressing.

Hätte der Wein keine Süße, Mineralität oder Extrakt (Körper), so würde die Säure überhandnehmen und wie unser Dressing einfach nur sauer sein. Oder der Alkohol würde nicht eingebunden sein und hervorstechen.

Ein sehr hochwertiger Wein lässt alle Komponenten im Nachhall gemeinsam »in die Unendlichkeit ziehen«. Nichts sticht hervor, und der Wein bleibt im Mund, es entsteht eine gewisse Tiefe, eine »neue Dimension«, Komplexität, die den kompletten Mundraum ausfüllt. Mit jeder Verkostung werden Sie mehr und mehr dieses Gefühl entwickeln.

Am Ende steht trotz der objektiven Bewertung im Hinblick auf die Hochwertigkeit eines Weines das persönliche Empfinden. Das ist ein bisschen wie beim ersten Date. Möchte man einen ganzen Abend mit ihm verbringen? Oder handelt es sich eher um einen Wein von der Sorte, der sich vorsichtig bei einem vorstellt? Der einen nach dem ersten Glas noch nicht an sich ranlässt, aber auch nicht mehr aus dem Kopf geht? Möchte man ihn unbedingt wiedersehen, ein komplexer Charakter, vielschichtig und tiefgründig? Oder vielleicht ein Alltagswein, der immer im Haus sein sollte? Oder ein One-Night-Stand? Für heute war er gut, aber mehr auch nicht?

Die Antworten auf diese Fragen können wir uns nur durch konsequentes Verkosten erarbeiten. Das Fernziel ist das Wissen, welchen Wein man mag und welchen nicht. Wie man sich eine Weinkarte erarbeitet und nicht nur auf gut Glück bestellt und wie man beim Einkaufen den Wein erkennt, den man gerne mag.

Um erschnupperte und erarbeitete Attribute des Weins in Worte zu fassen, bedarf es eines kleinen »Vokabelbuchs«. Das hilft einem, die richtigen Worte zu finden.

Hier habe ich für Sie ein paar Ideen und Tricks rund ums Thema Verkostung zusammengestellt.
Die Verkostungsvideos und Aromaräder helfen Ihnen vielleicht auf dem Weg zum perfekten Verkoster.
Schauen Sie einfach mal rein.

Erster Detektiv – das Auge

Viskosität: Wie flüssig ist der Wein? Eher wie Wasser oder eine »flotte Biene«?

Das sagt etwas über die gelösten Inhaltsstoffe aus, wie Zucker, Alkohol, Mineralstoffe, Farbstoffe etc. Man erkennt es an den sogenannten »Kirchenfenstern«, die, wenn man das Glas schwenkt, am Rand herunterlaufen.

Bei Süßweinen ist mehr Zucker im Wein gelöst, das erkennt man auch direkt an der Fließgeschwindigkeit. Je mehr Wasser im Wein ist, desto leichter ist er, je mehr gelöste Stoffe im Wein sind, desto mehr Körper hat er.

Klarheit: Trüb oder glasklar?

Manche Weine werden nicht filtriert und haben deswegen Trübstoffe. Das ist nichts Schlechtes, denn Hefe schützt vor Sauerstoff und somit braucht man weniger Schwefel.

Bei Rotwein oder Portwein kann es sein, dass man größere Partikel findet, denn je älter der Wein wird, desto mehr fallen bestimmte feste Stoffe aus.

Perlage oder Mousseux – wie eine Perlenkette

Die Perlen im Wein kommen beim Schaumwein, Perlwein oder auch manchmal ganz verhalten beim Stillwein vor. Beim Stillwein nennt man es »moussieren«.

Farbton bei Weißweinen

Die Farbtöne variieren je nach Alter, Rebsorte und Ausbau. Sie können von Blassgelb bis hin zu Dunkelgold gehen.

Farbton bei Roséweinen

Es gibt viele unterschiedliche Rosétöne, je nachdem, wie lange der Wein Maischekontakt hatte, also wie viel Farbpigmente aus der Traubenhaut in den Saft gelangt sind. Die Farben reichen von Zartrosa bis zu einem kräftigen Hellrot.

Farbton bei Rotweinen

Je nach Rebsorte, Maischestandzeit, Herstellung, Ausbau oder Alter unterscheiden sich die Rottöne. Manche Weine sind hellrot, andere tiefschwarz.

Was war noch mal Maischestandzeit? Der Zeitraum, in dem der Most (Saft) mit den Traubenschalen in Kontakt ist. Das kann länger oder kürzer sein, je nach Stilistik des Weins.

Zweiter Detektiv – die Nase

Eine wunderbare Hilfestellung ist das Aromarad. Dies gibt es sowohl für Weißwein als auch für Rotwein. Es ist wie der Nachbar am Tisch, der sagt: »Das ist eindeutig Erdbeere!« In der Mitte des Rades gibt es acht verschiedene Aromengruppen. Sie sind relativ allgemein gehalten: chemisch, erdig, würzig, fruchtig, floral, balsamisch, vegetabil, mikrobiologisch.

Diese acht Gruppen sind in insgesamt 25 Untergruppen aufgeteilt: Die Gruppe »vegetabil« ist beispielsweise in Blätterpflanzen, Trockenpflanzen und Gemüse eingeteilt.

In diesen 25 Untergruppen werden 94 Einzeldüfte unterschieden. Bei dem Gemüse finden sich etwa die Düfte von Artischocke, Kohl, grünem Spargel und Paprika. So kann man sich an dem Duft entlangarbeiten und bestimmte Aromen einkreisen oder ausschließen.

Das Spiel mit den Aromen

Dritter Detektiv – der Mund

Auftakt – der erste Eindruck

Leicht, jung, aromatisch, schwer, stark, schäumend, perlend, prickelnd, moussierend, spritzig, Schal, abgestanden …?

Wie süß oder trocken ist der Wein?

Knochentrocken, trocken, halbtrocken, feinherb, halbsüß, süß, lieblich, sehr süß …?

Was hat der Wein für eine Säure?

Dezent, geschmeidig, präsent, weich, mild, erfrischend, lebendig, markant, ausgeprägt, spitz, dominant, rassig, sauer, beißend …?

Und der Alkohol? Was macht er für einen Eindruck?

Schwach, leicht, gut eingebunden, kaum merkbar, leicht wärmend, warm, feurig, alkoholisch, brandig …?

Adstringenz – der Pelzmantel im Mund …

Nicht vorhanden, dezent, präsent, markant, dominant, anhaltend, andauernd, direkt verschwunden …?

Gerbstoffe oder Bitternoten?

Schwach, weich, wenig Gerbstoffe, leicht bitter, hart, grünlich, harte Bitterstoffe, dezente Bitternoten, erinnert an Bittermandel, erinnert an Grapefruit, bittersaftig, gerbstoffreich, ausgeprägt, bitter, deutlich bitter …?

Der Körper – eine »fette Mutti« oder eher ein Leichtgewicht?

Dünn, mager, schwach auf der Brust, leicht, mittelgewichtig, füllig, üppig, vollmundig, schwer, breit, wuchtig, »fette Mutti« (im Sommelierbereich ein Synonym für kräftige Weine mit wenig Säure, viel Alkohol und Holz) …?

Wie fühlt sich der Wein im Mund an?

Metallisch, spröde, mineralisch, salzig, pelzig, cremig, rund, weich, warm, angenehm, prall, straff, saftig, seidig, samtig …?

Nachhall oder: Wie lange bleibt der Wein im Mund?

Eher kurz, direkt weg, kurz, mittellang, anhaltend, sehr lang, bleibt einige Minuten im Nachhall, unendlich …?

Allgemeiner Eindruck – ein perfekter Wein?

Unharmonisch, harmonisch, angenehm, perfekt, unreif, jung, jugendlich, trinkreif, reif, überreif, über, alt, zu alt, tot, über den Zenit, oxidiert … oder was einem so in den Kopf schießt. Das Wichtigste bei einem Wein ist aber der Trinkfluss. Der macht am meisten Spaß.

Ein paar Weinfehler

Kork

Wie erkennt man einen Korkfehler?

Man erkennt ihn am leichtesten bei einem frischen Weißwein. Er lässt, wie der Name schon sagt, an sich zersetzenden Korken denken, auch an nasse Pappe oder Spanplatten, was insgesamt diesen modrig dumpfen und muffigen Eindruck hinterlässt. Die wirklichen Weinaromen werden durch den Korkfehler überlagert und man kann sich den Wein nicht mehr »schöntrinken«, keine Chance.

Bei kräftigen Weißweinen oder gar bei Rotweinen, die animalische Noten haben, ist es mitunter ziemlich schwer, Korkfehler zu erkennen. Erst wenn der Wein wärmer wird und Luft bekommt, wird der Fehler deutlicher.

Wo kommt der Fehler her?

Wir nennen es »Kork«, aber eigentlich ist es 2,4,6-Trichloranisol (TCA), eine Verstoffwechselung von Chlor durch Mikroorganismen wie Bakterien oder Pilze. Mit korkigen Weinen sollte man übrigens auch nie kochen, denn das Aroma geht sofort in die Speise über. Haben Sie schon mal korkiges Zitronensorbet gegessen? Nicht gut.

Da das Aroma nicht zwingend vom Korken in den Wein gelangt, kann es auch in anderen Lebensmitteln auftauchen. Ich habe es schon in Kaffee, Kürbis und Orangen gefunden. Ein tolles Erlebnis hatte ich, als mein Mann und ich eine Kürbissuppe gekocht haben. Die Suppe »hatte Kork« und so sind wir dann doch nur beim Wein geblieben.

Korkfehler lässt an Kork, nasse Pappe oder Spanplatte erinnern.

Böckser oder Mäuseln

Wenn ein Wein den Geruch von faulen Eiern präsentiert, verbranntem Gummi oder gekochtem Kohl, Zwiebeln oder Knoblauch, dann stammt das von der Hefe, die während der Gärung Wasserschwefelstoff hat entstehen lassen.

Tipp

Mit einem Kupferpfennig oder Cent-Stück im Wein kann man die Verbindung dazu bringen, sich vom Wein zu lösen und an den Kupfer zu binden. So wird der Wein wieder klar.

Sherrynote

Der junge oder alte Wein riecht nach Sherry. Es ist aber kein Sherry im Glas. Da kann ich nur eins raten: Wein entsorgen, der wird nicht mehr besser.

Uhu, Lackton

Der Wein riecht nach Lösungsmittel, Uhu oder Nagellackentferner. Dies ist ein Weinfehler, der bei der Gärung im Most entsteht.

»Frau Sommelière, ich hab da mal 'ne Frage«

Ich bin mir nicht sicher: Korkt der Wein?

Das kann passieren, vor allen Dingen in einem Restaurant, in dem kein Sommelier den Wein vorverkostet, um Ihnen die Peinlichkeit dieser Frage zu ersparen. Die meisten Menschen erkennen keinen korkigen Wein, denken, das sei der Holzeinsatz oder Ähnliches. Aber manchmal kommt es doch vor, dass man auch als Laie diesen Fehler erkennt.

Sprechen Sie unbedingt den Service an. Keiner möchte korkigen Wein haben. Im Normalfall wird der Kellner den Wein nachverkosten und Ihnen entweder recht geben oder nicht. Wenn Sie recht hatten, bekommen Sie eine neue Flasche. Wenn der Wein so sein muss, weil er keinen Fehler hat, erklären Sie, dass er Ihnen nicht schmeckt, und bitten Sie um einen anderen Wein.

Ob Sie die Flasche zahlen müssen oder nicht, kommt auf das Restaurant an. Es ist immer nur aus Kulanz, wenn Ihnen die Flasche nicht berechnet wird. Übrigens, ebenso verhält es sich bei fehlerhaften Weinen. Es kann sein, dass Ihnen auch der berechnet wird – was allerdings sehr unwahrscheinlich ist, denn kein Restaurant möchte seine Gäste vergraulen.

VERKOSTUNGSBLATT

Das Auge

Farbe? ....

Klarheit:

klar	1	2	3	4	5	6	7	8	9	10	trüb

Viskosität:

Wasser	1	2	3	4	5	6	7	8	9	10	Honig

Die Nase

Was rieche ich? ....

....

Der Mund

Säure:

Wasser	1	2	3	4	5	6	7	8	9	10	Zitrone

Süße:

Wasser	1	2	3	4	5	6	7	8	9	10	Honig

Bitter:

Wasser	1	2	3	4	5	6	7	8	9	10	Kaffee

Salzigkeit/Mineralität:

Wasser	1	2	3	4	5	6	7	8	9	10	Salz

Was fühlen Sie?

Alkohol:

Wasser	1	2	3	4	5	6	7	8	9	10	Schnaps

Gerbstoffe/Pelzigkeit im Mund:

Wasser	1	2	3	4	5	6	7	8	9	10	Tee

Nachhall ....

....

Vokabeln Sensorik

Es kann passieren, dass man inmitten einer Diskussion von Menschen landet, die sich mit Wein auskennen. Dann geht es los mit dem Schlagabtausch:
»Der Meursault, den ich letztens hatte, ein Village mit Lagenname, war sehr reduktiv gehalten.«
»Von wem war er? Ich mag es lieber etwas oxidativer, wenn sie sehr rund sind und gegebenenfalls etwas mehr Holz haben.«
»Ja, sie dürfen schon Holz haben, aber nicht zu viel Neues.«
»Ich mag sehr duftige Weine nicht so gerne, wenn sie zu sehr extrahiert wurden, dann kann das schon mal in Richtung Katzenpipi gehen, also eher quietschig sein.«
»Nee, duftige Rebsorten finde ich auch besser aus einer kühlen Region.«
»Kennst du den Sancerre von dem und dem Winzer?«
»Ja, mega Stoff, da kommt der Silex mit seinem Feuersteinaroma richtig durch.«
»Vor allen Dingen hat der richtig Grip am Gaumen und ordentlich Zug!«
»Ja, die Säure ist mega abgepuffert durch die tolle Mineralität, die der Wein aufweist.«

Beide nicken sich zu, haben sich verständigt, was sie gerne trinken und was nicht, die nächste Flasche kann bestellt werden und jeder weiß, was der andere gerne mag. Nur Sie schauen dumm aus der Wäsche, denn Sie haben kein einziges Wort verstanden.

Das macht jedoch nichts. Hier ein paar Vokabeln, mit denen Sie sich besser orientieren können:

Animalisch

Der Wein riecht nach Fell, Sattel, Leder, Eisen, Blut, Fleisch, Katzenpipi, Pferdeschweiß.

Beerig

Der Wein ist oft dunkel in der Farbe und weist einen kräftigen Duft nach Beerenfrüchten auf.

Duftig

Hier handelt es sich um einen sehr intensiv duftenden Wein, der nach Holunderblüten, Stachelbeeren, Litschi, Multivitamin, Rosenblüten, Gewürzen, aber auch nach Gummibärchen oder Lavendel riecht.

Fruchtig

Der Wein duftet nach frischen Früchten, es können exotische Früchte sein, aber auch heimische Früchte wie Äpfel, Birnen oder Aprikosen. Die Weine können fruchtig trocken oder fruchtsüß sein.

Holz

Damit ist meistens ein sogenanntes Barrique-Fass gemeint. Es umfasst circa 225 Liter und ist aus Eiche hergestellt. Chardonnay, Grauburgunder, Weißburgunder, aber auch Weine aus südlichen Regionen werden meistens so ausgebaut. Auch die meisten Chardonnays aus Übersee. Die Weißweine haben oft weniger spitze Säure und erinnern an Butter, Kekse, Vanille oder Karamell.

Kräftig

Ein vollmundiger Wein kann entweder viel Alkohol haben oder viel Körper. Er wird meistens im Holz ausgebaut.

Leicht

Als leicht werden oft Weine bezeichnet, die nicht im Holz ausgebaut wurden, wenig Alkohol und eine frische, aber nicht zu intensive Säure aufweisen.

Mineralisch

Manche Weine wirken fast salzig. Dann spricht man von der Mineralität eines Weines.

Oxidativ

Nicht mit »oxidiert« verwechseln! Ein oxidativ ausgebauter Wein hat während der Herstellung Luft bekommen, war also einer Sauerstoffzufuhr ausgesetzt. Das macht den Wein »breiter im Geschmack«.

Oxidiert

Nicht mit »oxidativ« verwechseln! Ein oxidierter Wein ist »über seiner Zeit«. Rotweine schmecken dann gern nach Maggi oder Liebstöckel. Weine, die »drüber« sind, »tot« oder »zu weit«, können auch nach Sherry oder Essig riechen. Die Farbe ist dann dunkelrot oder braun.

Reduktiv

Der Wein ist das genaue Gegenteil von »oxidativ«, also ohne Luft oder Sauerstoff hergestellt. Die Aromen erinnern an Feuerstein, Babypuder, Silvesterknaller, Schießpulver, Hefe, Popcorn oder Babywindel.

Rund

»Rund« bezeichnet einen sehr ausgewogenen Wein, ohne Ecken und Kanten. Im Nachhall sticht nichts gesondert hervor, sondern alle Komponenten wie Säure, Süße, Alkohol etc. sind ausgewogen.

Süß

Beim Wein spricht man von verschiedenen Süßegraden. Es gibt einen Unterschied, ob der Wein limonadensüß, honigsüß, fruchtsüß, restsüß, feinherb oder halbtrocken ist.

Tannine/Gerbstoffe

Die Tanninstruktur oder Gerbstoffstruktur erzeugt ein pelziges Gefühl im Mund, es fühlt sich austrocknend an. Man kennt es auch von schwarzem Tee, den man zu lange ziehen lässt. Man nennt dieses Mundgefühl auch »adstringierend«.

Vegetabil

»Vegetabil« werden Weine genannt, die eher grünliche Noten aufweisen und an Kräuter, Heu, Gras, Algen, Hopfen oder grüne Schoten erinnern.

»Frau Sommelière, ich hab da mal 'ne Frage«

Warum benutzen Sie unterschiedliche Gläser?

Kennen Sie noch die alten Römergläser aus Kristall und die bunten Kelche, die an den Festtagen immer aufgedeckt wurden? Oder die billigen Weingläser, die man auf Weinfesten bekommt? Wozu der Aufwand von verschiedenen Gläsern? Es reicht doch maximal ein Weinglas und eine Sektflöte, oder?

Wenn Sie ab und an ein Glas Wein trinken, reichen Kristallrömer völlig aus. Wenn es Sie allerdings interessiert, wie anders ein Wein aus verschiedenen Gefäßen schmeckt, starten Sie mit dem »Tassentest«. Verkosten Sie denselben Wein aus einer Kaffeetasse, einem Wasserglas und einem Weinglas. Vermutlich wird es Ihnen wie Schuppen von den Augen fallen, wie unterschiedlich sich der Wein präsentiert.

Na?

ALLES BEHALTEN?

Kleiner Test Sensorik

1. Wie viel Prozent beeinflusst das Auge beim Verkosten?

A 20 Prozent
B 80 Prozent
C 50 Prozent

2. Was bedeutet »retronasal«?

A Duft aus dem Mundraum wahrnehmen
B Geschmack im Mund wahrnehmen
C Das Gefühl im Mund durch den Trigeminus

3. Was kann man nicht schmecken?

A Bitter
B Süß
C Ananas

4. Was »fühlt« man im Mund?

A Bitter
B Temperatur
C Säure

5. Was ist Trichloranisol?

A Korkgeschmack
B Sherrynote
C Hefenote

6. Was ist ein oxidativer Wein?

A Ein Wein, der mit wenig Luft ausgebaut wurde
B Ein Wein, der zu lange offen ist
C Ein Wein, der mit viel Luft ausgebaut wurde

7. Nach welchem Aroma duftet Weißwein aus dem Holzfass (Barrique)?

A Ananas und Paprika
B Karamell und Vanille
C Apfel und Heu

8. Was ist ein Aromarad?

A Ein Fahrrad, das nach Kiwi duftet
B Ein Hilfsmittel, um Aromen zu erkennen
C Ein Kreis mit gefüllten Gläsern

9. Was bedeutet »frappieren«?

A Wein umfüllen
B Wein erwärmen
C Wein runterkühlen

10. Wie fühlt sich Adstringenz an?

A Austrocknend
B Erwärmend
C Scharf

VOKABEL*heft*

Was bedeuten noch mal diese Begriffe?

Holz	
fruchtig	
Wonach riecht Kork?	
Perlage	
vegetabil	
duftig	
rund	
pelzig	

reduktiv	
oxidativ	
oxidiert	
leicht	
kräftig	
animalisch	
Nachhall	
Wonach riecht ein Böckser?	
Viskosität	

DIE WELT DER WEINE – EINE WEINREISE *um die Welt*

Bei der guten Grundlage, die wir uns nun geschaffen haben, von Sensorik bis Kellertechnik über Weinvokabeln, Beschreibungen und einen Verkostungsleitfaden, wissen wir immer noch nicht: Was ist eigentlich in der Flasche?

Woran erkennt man, wie der Wein schmeckt?
Was bedeuten die Angaben auf dem Etikett?
Wie findet man den besten Wein in der Weinkarte?

Fragen über Fragen, denn das aufgebaute Wissen möchte auch angewendet werden. Das Etikett eines Weines lesen kann mitunter nicht so einfach sein. Vor allen Dingen ist es von Land zu Land unterschiedlich. In Europa hat die EU bestimmte Punkte angeglichen, sodass man zumindest eine gemeinsame Basis hat. Allerdings darf jedes Land für sich seinen Traditionen nachgehen. Dazu kommen verschiedene Vereine, die sich spezielle Richtlinien auf die Fahne geschrieben haben. Man kann sich eine Pyramide vorstellen, die in der Basis den Tafelwein hat, dann folgt der Landwein und an der Spitze die Qualitätsweine. So hat es die EU aufgebaut.

Wo wächst was?

In Europa sind meistens spezielle Namen von Regionen, Orten oder eigenständigen Weinen mit speziellen Rebsorten verknüpft. Prinzipiell muss man lediglich wissen, wo welche Rebsorte angebaut wird. Also doch nicht so kompliziert, wie man denkt – theoretisch.

Grundsätzlich kann man Rebsorten in verschiedene Klimazonen einteilen. Ist es ein kühles Klima wie in Deutschland oder in Nordfrankreich, dann dominieren Burgundersorten oder Riesling. Ist es eher ein warmes, atlantisches Klima, findet man oft Merlot oder Cabernet Sauvignon. Im mediterranen Raum sind Rebsorten wie Grenache oder Syrah zu finden. Es gibt aber auch internationale Rebsorten, die in kühlen wie in warmen Regionen angebaut werden: Sauvignon Blanc oder Chardonnay.

Neben den bekannten Namen gibt es auch sogenannte autochthone Rebsorten, das bedeutet, sie werden eigentlich nur in einer bestimmten Region oder einem bestimmten Land angebaut, wie zum Beispiel Touriga Nacional in Portugal, Grüner Veltliner in Österreich, Chasselas in der Schweiz oder Nebbiolo in Italien.

Merlot
Riesling
Pinot Noir
Cabernet Sauvignon
Chardonnay
Sauvignon Blanc
Tempranillo
Sangiovese
Nebbiolo
Cabernet Sauvignon
Carmenière
Merlot
Malbec
Cabernet Sauvignon

Syrah/Shiraz
Riesling
Grüner Veltliner
Chardonnay
Shiraz
Blanc
Cabernet Sauvignon
Shiraz
Chardonnay
Sauvignon Blanc
Pinot Noir

DEUTSCHLAND

Zurück ins Jahr 1999: Zu Beginn war für mich der deutsche Wein am interessantesten. Das erste Weinbuch, das ich von meiner Chefin geschenkt bekam, war ein schlankes Buch über deutschen Wein. Ich habe es immer noch. Total beeindruckt stellte ich fest, dass die Weine, die bei uns im Keller lagen, fast alle in diesem Buch dargestellt wurden, beziehungsweise die Winzer wurden vorgestellt. Wahnsinn. So berühmte Weine hatten wir!

Ich begann, Etiketten von den Flaschen abzulösen und in dem Buch auf der entsprechenden Seite zu sammeln. Die Etiketten konnte ich lesen, allerdings habe ich sie zu Beginn nicht verstanden. Was bedeutet »Qualitätswein«, »Kabinett« oder »Einzellage«?

Die deutschen Weine weisen die kompliziertesten Angaben auf den Flaschen auf, da man auf viele verschiedene Attribute achten muss.

Etiketten deutscher Weine

Jeder kann grundsätzlich erst mal Wein anbauen. Wenn wir auf Sylt in Keitum anbauen, fällt das Produkt in die Kategorie »Deutscher Tafelwein«.

Deutscher Tafelwein muss aus Trauben aus Deutschland hergestellt werden und kann aus allen Ecken der Republik kommen.

Deutscher Landwein ist die nächste Stufe und da wird der Radius etwas kleiner. Er kommt aus speziellen Regionen in Deutschland, die vorgegeben sind, zum Beispiel »Landwein Rhein« oder »Landwein Mosel«.

In der Qualitätspyramide folgt nun der **Deutsche Qualitätswein**. Er muss aus einem der 13 Anbaugebiete in Deutschland kommen. Die Weine müssen durch eine Qualitätskontrolle und auf Typizität des Weins gecheckt werden (durch Verkosten) und bekommen dann die sogenannte Amtliche Prüfungsnummer (AP).

Die Spitze der Pyramide sind die **Prädikatsweine**. Sie sind die Steigerung der Qualitätsweine mit noch intensiveren Anforderungen.

Im Grunde dreht es sich in Deutschland um den Zuckergehalt der Weine. Wenn auf dem Etikett nicht »trocken« steht, dann wird der Wein zumindest analytisch nicht trocken sein. Er kann trotzdem trocken schmecken. Manchmal kann man es vom Alkoholgehalt ablesen, denn in Deutschland haben die meisten trockenen Weine etwa ab 11 Volumenprozent (Vol.-%) Alkohol.

Zugespitzt – die Spitze der Spitze

Kabinett. Vollreifes Lesegut, den Zuckergehalt oder Öchslegrad der Trauben lasse ich mal außen vor. Kabinett wird zumeist nicht ganz trocken ausgebaut, außer es steht »Kabinett trocken« auf dem Etikett – ein leichter, frischer Wein. Der Alkoholgehalt ist recht niedrig.

Spätlese. Die Trauben sind etwas später gelesen, dadurch ist der Zuckergehalt der Trauben höher als beim Kabinett. Die Weine sind recht süß. Wenn »Spätlese trocken« auf dem Etikett steht, ist der Wein kräftig trocken.

Auslese. Die erste Stufe der Süßweine. Die Trauben sind vollreif und speziell ausgelesen. Der Zuckergehalt ist recht hoch. Auslesen sind sehr saftig und oft gut zwischen Süße und Säure ausbalanciert.

Beerenauslese. Sehr süß. Man stelle sich Trauben vor, die zum Teil schon geschrumpelt sind. Wird meistens in 0,375-Liter-Flaschen angeboten.

Trockenbeerenauslese. Da ist der Name Programm. Es sind Trauben, die zu Rosinen geschrumpelt sind. Ein Wein aus Rosinen ist logischerweise sehr intensiv, extrem süß und dickflüssig.

Eiswein. Eine Spezialität, die nicht jedes Jahr hergestellt wird. Die Trauben müssen bei minus 7 Grad Celsius geerntet und gepresst werden. So bleibt das Wasser als Eisrückstand in der Presse und der Most hat einen höheren Zuckergehalt.

Kurze Wiederholung: Deutsche Prädikatsweine

Kabinett, leicht, frisch, saftig, oft eher feinherb oder fruchtsüß gehalten. Nur wenn »trocken« auf der Flasche steht, ist er analytisch, also offiziell und attestiert, trocken.

Hier ist vom Etikett Folgendes abzulesen:

- Das Weingut heißt Joh. Jos. Prüm. Was nicht zu sehen ist, aber auf dem Rückenetikett steht: Es hat seinen Sitz an der Mosel.
- Die Trauben stammen aus dem Jahr 2017 und aus der Lage (Weingarten) Wehlener Sonnenuhr, wobei Wehlen der Ort ist und Sonnenuhr der Weingarten, der in Wehlen liegt.
- Die Qualitätsstufe (Prädikatsstufe) des Weines ist Kabinett, das bedeutet, dass er saftig, frisch, leicht, mineralisch und fruchtsüß sein wird.
- Die Rebsorte ist hier nicht zu sehen.
- Genau das Richtige für asiatisches Essen oder um ihn einfach so zu genießen, denn er wird wenig Alkohol enthalten.

Spätlesen sind meistens deutlich süßere Weine als die Kabinett-Weine, da sie, wie der Name schon sagt, später gelesen werden und die Trauben so mehr Zucker ausbilden können als andere Weine.

Auf dem Etikett ist Folgendes abzulesen:

- Dieser Wein stammt vom Weingut Julian Haart. Wo das Weingut sitzt, ist auf dem vorderen Etikett erst mal nicht ersichtlich.
- Der Weingarten nennt sich Ohligsberg, aber hier wurde keine Angabe zum Ort gemacht.
- Die Rebsorte ist hier nicht abzulesen, aber die Prädikatsstufe ist Spätlese.
- Dieser Wein ist ein süßer, saftiger vollmundiger Wein mit wenig Alkohol, der entweder zu Süßspeisen gereicht werden oder auch zu Fleischgerichten wie Wild funktionieren kann. Spätlesen eignen sich auch hervorragend zum Auffrischen des Mundes, nachdem man einen kräftigen Rotwein getrunken hat.

Auslesen sind Weine, die im Weingarten besonders selektiert werden. Die Trauben weisen noch mehr Zucker auf als Spätlesen, da sie eben noch später gelesen werden. Sie sind süß, saftig und enthalten wenig Alkohol.

Auf dem Etikett ist Folgendes abzulesen:

- Dieser Wein kommt von der Mosel. Früher hieß das Anbaugebiet Mosel-Saar-Ruwer, es handelt sich um die drei Flüsse, die das Anbaugebiet betiteln. 2006 wurde das Anbaugebiet dann aber unter dem Oberbegriff »Mosel« zusammengefasst, da es so international einfacher ist, die Weine zu vermarkten.
- Die Rebsorte ist Riesling, typisch für die Mosel.
- Die Trauben stammen aus dem Ort Wiltingen und dem Weingarten Braune Kupp, also Wiltinger Braune Kupp.
- Das Weingut heißt Müller zu Scharzhof (mehr ist hier gerade nicht zu sehen).
- Der kleine Adler an der Seite zeigt uns, dass das Weingut dem VDP – Verband Deutscher Prädikatsweingüter – angehört.
- Der Alkoholgehalt beträgt 7,5 Volumenprozent.
- Dieser Wein wird deutliche Süße haben und er wird vor 2006 auf den Markt gekommen sein. Das bedeutet, dass es ist sich um einen gereiften Riesling von der Saar handelt (der Ortsname Kanzem verrät uns das, denn dort ist der Sitz des Weinguts).

Beerenauslese – das Wort beschreibt schon sehr deutlich den Zustand der Trauben, wenn sie geerntet werden. Die Trauben für diesen Wein haben einen sehr hohen Zuckergehalt und können zum Teil einzeln ausgelesen werden. Man nennt eine Beerenauslese kurz BA.

Auf dem Etikett ist Folgendes abzulesen:

- Der Wein ist ein Riesling vom Weingut Peter Jakob Kühn.
- Er hat nur 8 Volumenprozent Alkohol, ist eine Beerenauslese, die Flasche ist eine sogenannte halbe Flasche – umfasst also 0,375 Liter – und er kommt aus dem Rheingau.
- Dieser Riesling (man erkennt allerdings anhand des Etiketts nicht, welche Rebsorte es ist, denn es steht nicht drauf) wird ein süßer und kräftiger Wein sein, der ölig im Glas fließen wird, mit einer hohen Viskosität, also enthält er viele gelöste Stoffe, vor allem Zucker.
- Ein klassischer Dessertwein, der am besten aus kleineren Gläsern zu 5 Zentiliter ausgeschenkt wird. Er sättigt sonst sehr, obwohl er mit 8 Volumenprozent wenig Alkohol hat, aber durch den hohen Zuckergehalt wie ein Dessert zu betrachten ist.

Trockenbeerenauslese – mit anderen Worten ein Wein aus Rosinen. Mit dieser Vorstellung hat man den Nagel auf den Kopf getroffen. Man kann sich tatsächlich einen Rosinenwein vorstellen und auch wie viel Saft aus einer Rosine kommt. Deswegen sind Trockenbeerenauslesen oft sehr teuer. Die Weine haben einen extrem hohen Zuckergehalt und sind sehr dickflüssig. Trockenbeerenauslesen kürzt man auch mit TBA ab.

Auf dem Etikett ist Folgendes abzulesen:

- Der Wein kommt aus dem Rheingau und stammt aus dem Jahr 1976.
- Die Prädikatsstufe ist Trockenbeerenauslese, die Rebsorte Riesling.
- Die Lage nennt sich Eltviller Sonnenberg, also aus dem Weingarten Sonnenberg in dem Ort Eltville.
- Der Wein wird sehr kräftig, intensiv, dunkel und süß sein. Deswegen sollte er als Dessertwein oder als eigenständiges Dessert angesehen werden.

Eiswein wird nicht immer produziert, da es dafür Minusgrade braucht. Die Trauben müssen eine bestimmte Menge an Zucker aufweisen (mindestens Beerenauslese) und im Weingarten am Rebstock gefroren sein (bei minus 7 Grad Celsius). In diesem Zustand müssen sie geerntet und schnell gekeltert werden, denn so bleibt das Wasser als Eis zurück und der Zuckergehalt des Mostes ist somit intensiver. Eisweine sind sensationell frische Weine. Es ist fraglich, ob es sie in Zukunft im Zuge des Klimawandels noch geben wird.

Auf dem Etikett ist Folgendes abzulesen:

- Das Weingut nennt sich Leitz, die Trauben stammen aus dem Jahr 2010.
- Die Lage heißt Geisenheimer Rothenberg, also der Weingarten Rothenberg in Geisenheim.
- Die Prädikatsstufe ist ein Eiswein, der aus dem Anbaugebiet Rheingau stammt, die Rebsorte ist Riesling.
- Ein sehr süßer, intensiver Wein mit einer hohen Viskosität, kann aber hell in der Farbe sein und gilt ebenfalls als eigenständiges Dessert oder als Dessertwein.

Wichtige Rebsorten

Riesling – keine Angst vor Säure

Meine Lieblingsrebsorte und die Angstrebsorte vieler Deutscher. Sie haben die ganz schlimmen, sauren Rieslinge im Hinterkopf, von Vati oder Mutti aus den 1980er-Jahren. Lassen Sie sich nicht abschrecken. Wir sind nicht mehr in den 80ern. Andere Rebsorten haben genauso viel Säure.

Diese Rebsorte ist ultimativ und megalanglebig. Die Welt hat verstanden, dass wir einmalige Rieslinge in Deutschland produzieren können, wie es sie sonst nirgendwo auf der Welt gibt. Sie ist die meistangebaute Rebsorte in Deutschland. Hier spielen Klima und Boden dem Riesling perfekt in die Hände. Riesling hat ein enormes Reifepotenzial, kann als trockener, leichter, süßer, kräftiger Wein oder Sekt ausgebaut werden. Somit ist sein Ergebnis sehr breit gefächert.

Farbe: grünlich, Hellgelb, Goldgelb
Duft: Apfel, Pfirsich, Zitrone, Honig, Maracuja, Stein
Säure: rassig

Müller-Thurgau/Rivaner – da musste das Marketing ran …

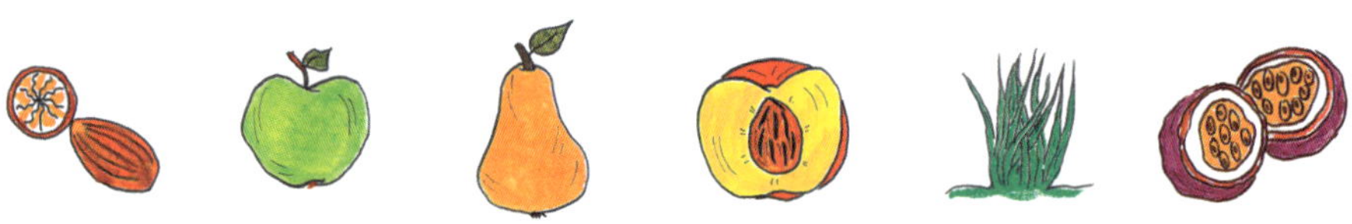

Eine Rebsorte, die viel Ertrag hervorbringt. In der Qualitätsweinriege spielt Müller-Thurgau nicht die erste Geige, eher in der Massenproduktion. Deswegen hat man aus Marketinggründen den Namen »Rivaner« erfunden, denn »Müller-Thurgau« zieht nicht so in der Werbung. Nichtsdestotrotz gibt es Winzer, die tolle Müller-Thurgau herstellen, gerade im Badischen (Markgräflerland) oder in Franken. Die Weine sind meistens frisch, leicht und fruchtig.

Farbe: helles Gelb
Duft: dezenter Muskatton, reife Äpfel, reife Birnen, Pfirsich, grasig, Maracuja
Säure: dezent bis mittel

Silvaner – trinkt mehr Silvaner!

Eine tolle Rebsorte, die fruchtige, würzige Weine hervorbringt. Eine uralte Rebsorte, die aus dem Donauraum kommt. Sie wird auch in den östlichen Ländern viel angebaut. Bekannt ist sie in Deutschland aus dem Frankenland. Silvaner präsentiert sich würzig, von leicht bis gehaltvoll ist alles dabei. Silvaner reift wundervoll in der Flasche. Ich habe schon sensationell gereifte Silvaner verkostet.

Farbe: helles bis intensives Gelb
Duft: Heu, Apfel, Birne, Holunderblüte, Quitte, Orangenschale
Säure: leicht bis mittelkräftig

Weißburgunder – Achtung, Verwechslungsgefahr!

Diese Rebsorte ist eine Mutation des Grauburgunders. Im Gegensatz zum großen Bruder hat der Weißburgunder keine roten Farbpigmente in der Traubenschale. Oft wird Weißburgunder oder Weißer Burgunder mit dem Weißwein aus dem Burgund verwechselt. Dort wird der weiße Burgunder (also Weißwein aus Burgund) aus Chardonnay hergestellt. Weißburgunder kann leicht und frisch sein oder, wenn er im Holz ausgebaut wird, kräftig und charaktervoll mit toastigen Vanillenoten.

Farbe: Blassgelb, Hellgelb, helles Goldgelb
Duft: Apfel, Birne, Walnuss, Haselnuss, Gummibärchen, Ananas
Säure: leicht bis deutlich

Grauburgunder – geliebt und gehasst

Diese Rebsorte wird unter Sommeliers und Weinkennern oft völlig zerrissen. Keiner möchte Grauburgunder trinken. Wenn man sich allerdings bei »Nicht-Profitrinkern« umhört, ist diese Rebsorte sehr beliebt. Im Restaurant wird sie oft von Gästen bestellt, die sich mit Grauburgunder sicher fühlen. Man assoziiert mit Grauburgunder wenig Säure.

Warum hassen Sommeliers diese Rebsorte so sehr, dass sie von manchen nicht mal mit auf die Karte genommen wird? Vor vielen Jahren haben die Deutschen als Lieblingswein den Pinot Grigio gehabt. Das ist nichts anderes als Grauburgunder aus Italien und oft einfach nur eine Drecksplörre, Massenprodukte, die ohne Charakter und Qualitätsanspruch gemacht wurden. Quantität vor Qualität.

Wir Sommeliers haben daran gearbeitet, dass die Leute lieber Grauburgunder trinken sollten. Hat geklappt. Doch leider hat die Weinindustrie ebenfalls mitgezogen und das, was früher als Drecksplörre Pinot Grigio galt, ist heute die Drecksplörre Grauburgunder.

Aber deshalb sollte man diese Rebsorte nicht verteufeln. Im Gegenteil! Es gibt tolle Weingüter, die mit viel Erfahrung und Fingerspitzengefühl spannende Grauburgunder produzieren. Eine große Besonderheit beim Grauburgunder ist, dass die Traubenschale leicht rötliche Farbpigmente aufweist.

Bei manchen Weinen gelangt durch eine Maischestandzeit (Sie wissen noch? Traubenschale und Most gemeinsam, durch Enzyme und Hefen werden unter anderem Farbpigmente aus der Traubenschale in den Most gewaschen) etwas Farbe in den Wein und er wirkt fast roséfarben.

Kleiner Tipp: Schauen Sie sich nach besonderen Grauburgundern um, die etwas mehr Geld kosten, es lohnt sich!

Grauburgunder kann Säure haben, muss er aber nicht. Manche Grauburgunder präsentieren sich schon knackig. Oft wird diese Rebsorte im Holz ausgebaut, was ihr einen völlig anderen Charakter gibt und oft buttrig-mandelige Aromen hervorbringt.

Farbe: farbintensiv, Rosé, Goldgelb
Duft: Mandel, Honig, Quitte, Aprikose, Apfel, Birne
Säure: mild bis säurebetont

Spätburgunder: I am in love with her – ja, sie ist eindeutig eine Grande Dame!

Eine Diva, die sich beim Anbau gerne ziert, es können sensationelle Weine werden oder … na ja …

Stammt ursprünglich vermutlich vom Niltal, wird heute aber als wichtigste rote Rebsorte im französischen Burgund angebaut. Es ist aber auch die wichtigste Rebsorte in Deutschland. Spätburgunder oder Pinot Noir ist eine internationale Rebsorte, die oft in »Cool Climate« angebaut wird.

Die Farbe ist oft eher hell, im Burgund sagt man, dass man durch einen guten Wein die Uhrzeit lesen kann. Die Aromen sind sehr komplex. Diese Rebsorte zeigt gerne ihr Terroir, auf dem sie gewachsen ist: rote Johannisbeeren, Eisen, Blut, animalische Noten, fruchtig-beerig oder sehr karg. Es ist von allem was dabei.

Farbe: Hellrot, durchscheinend, Granatrot, Rubinrot
Duft: rote Johannisbeere, Himbeere, Erdbeere, Brot, Zedernholz, Pilz, Eisen
Säure: mild bis mittelkräftig

Frühburgunder – ist früher reif als der Spätburgunder

Frühburgunder ist eine der ältesten Kulturreben. Man findet sie manchmal im Ahrtal und in Franken. Wie der Name schon sagt, sind die Trauben früher reif als beim Spätburgunder, trotzdem findet man diese Sorte nicht zu oft. Die Weine sind fruchtiger, weicher und nicht so kompliziert wie Spätburgunder. Sie können aber auch sehr gut reifen.

Kurze Info zu den Burgundersorten: Sie gehören alle der gleichen Familie an, nämlich der Pinot-Familie. Dazu gehören: Spätburgunder, Frühburgunder, Pinot Meunier (Müllerrebe), Grauburgunder, Weißburgunder, Chardonnay.

Farbe: Hellrot, manchmal durchscheinend
Duft: Beerenmix, erinnert oft an überreife Schattenmorellen, Pfeffer, Kaffee
Säure: gehaltvoll und deutlich

Anbaugebiete in Deutschland

Es gibt 13 »bestimmte Anbaugebiete«. Sie befinden sich fast alle an Flüssen. Die wichtigsten großen Flüsse in Deutschland sind der Rhein, die Mosel, der Neckar und die Elbe. Aber auch die kleinen Nebenflüsse wie Nahe, Saar oder Ruwer sind von Bedeutung.

Ahr – mitten in Deutschland

Eines der nördlichsten Anbaugebiete. Es liegt geschützt in der sogenannten Kölner Bucht. An den Hängen der Ahr ist es mild, manchmal fast treibhausartig. Die Böden bestehen aus Schiefer und vulkanischen Gesteinen.

Topweine sind Spätburgunder und Frühburgunder. Sie haben oft ein leicht rauchiges Aroma, sind aber nicht allzu kräftig.

Mosel – die steilsten Weingärten der Welt

Früher Mosel-Saar-Ruwer. Der Name bezieht sich auf die Steilhänge an der Mosel und den beiden Nebenflüssen Saar und Ruwer. Eine der kühlsten Regionen in Deutschland. Die Böden sind hauptsächlich aus Schiefer. Hier gibt es die steilsten Lagen der Welt. Die wichtigste Rebsorte ist Riesling. Von hier kommen die besten Kabinett- und Süßweine Deutschlands. Aber auch die trockenen Weine sind genial. Mineralisch und mit wenig Alkohol.

Ich trinke sehr gerne Kabinett-Rieslinge aus dieser Region, egal ob trocken oder nicht trocken.

Nahe – denn das Gute liegt so nahe

Die Mündung liegt bei Rüdesheim. Hier gibt es aber auch noch kleine Nebenbäche wie zum Beispiel den Ellerbach. Der Boden ist sehr verschieden, von Schiefer, Vulkangestein, Quarzit bis hin zu Buntsandstein. Die wichtigsten Rebsorten sind Riesling und Spätburgunder.

Ich mag am liebsten Rieslinge aus der Region, denn sie sind meistens sehr schön mineralisch und etwas kräftiger als jene von der Mosel. Einfach sehr eigenständig.

Mittelrhein – verwunschene Schlösser

Eines der kleinsten Anbaugebiete in Deutschland. Der eine oder andere kennt diese Steilhangregion, die an den kleinen Burgen und an der Loreley entlangführt, durch eine Flussfahrt. Der Boden besteht hauptsächlich aus Schieferverwitterung und Grauwacke. Die wichtigste Rebsorte hier ist Riesling. Die Weine sind eher kühl ausgebaut. Die besten Weingärten heißen Bopparter Hamm Feuerlay und Bacharacher Hahn.

Rheingau – schon die Mönche wussten es

Das ist die Verlängerung rechtsrheinisch des Mittelrheins bis zur Mainmündung. Die bekanntesten Orte sind Rüdesheim und Wiesbaden. Der Taunus als deutsches Mittelgebirge schützt den Rheingau vor kühlen Winden. So ist diese Region sehr mild. Im südlichen Rheingau bei Wiesbaden sind die Böden eher tonhaltig, die Weine eher kräftig. Im nördlichen Bereich bei Rüdesheim sind die Weine eher mineralisch, da die Böden eher aus Quarz und Schiefer bestehen. Spätburgunder kommt meist aus dem nördlichen Teil, ein sehr bekannter Weingarten heißt zum Beispiel Assmannshäuser Höllenberg – ein mega Klassiker. Es lohnt sich, diesen vom richtigen Winzer zu verkosten.

Die wichtigsten Rebsorten im Rheingau sind Riesling und Spätburgunder. Die Weine haben meistens eine frische und präsente Säure. Hier gibt es das Zisterzienserkloster Eberbach und das Benediktinerkloster Johannisberg, die den Weinbau in Deutschland so richtig nach vorn gebracht haben.

Rheinhessen – groß, aber oho!

Jetzt befinden wir uns auf der linken Rheinseite, in Verlängerung des Mittelrheins. Das Anbaugebiet ist das größte in Deutschland. Die Böden sind vielfältig und reichen von Buntsandstein, Kalksockel, Sediment bis zu Verwitterungsböden. Rheinhessen gehört zu den wärmeren Regionen Deutschlands. Die Rebsorten dort sind Riesling, Weißburgunder, Spätburgunder, und hier wird weltweit der meiste Silvaner angebaut. Die Region ist etwas wärmer, somit sind die Weine kräftiger als zum Beispiel im Rheingau.

Pfalz – Wein und Saumagen

Weiter südlich geht es bis zur französischen Grenze. Auch die Pfalz ist eher ein wärmeres Anbaugebiet. Die Weine sind kräftiger als zum Beispiel aus dem Rheingau und auch kräftiger als aus Rheinhessen. Ich verwechsle oft die beiden Regionen in einer Blindverkostung.

Die Böden: Buntsandstein, Lehm, kalkhaltig. Die Rebsorten in dem zweitgrößten Anbaugebiet Deutschlands: Riesling, Weißburgunder, Chardonnay, Spätburgunder.

Baden – Burgunderland

Das wärmste Anbaugebiet Deutschlands. Oft hört man in diesem Zusammenhang den Namen Kaiserstuhl. Der Kaiserstuhl ist eine Region im Badischen, die besonders warm ist. Die Bodenbeschaffenheit ist unterschiedlich. Der Kaiserstuhl zum Beispiel ist aus Vulkangestein. Aber es gibt auch kalkhaltige Böden. In so warmen Regionen wachsen am besten Pinot-Rebsorten, also Spätburgunder, Grauburgunder, Weißburgunder und Chardonnay.

Württemberg – um Stuttgart herum

Hier dominiert der Neckar das Klima. Es ist eine wärmere Region in Deutschland, in der die wichtigsten Rebsorten Lemberger, Trollinger und Schwarzriesling vorherrschen. Aber auch Riesling, Weißburgunder und Spätburgunder gedeihen hier prächtig. Eher eine Rotweinregion.

Hessische Bergstraße – völlig unbekannt

Auf der rechten Rheinseite folgt nach dem Rheingau die hessische Bergstraße. Es ist mit seinen circa 435 Hektar eines der kleinsten Anbaugebiete in

Deutschland. Auf Weine aus dieser Region trifft man eher selten. Die Böden sind aus Granitverwitterung, die wichtigsten Rebsorten sind Riesling, Grauburgunder, Spätburgunder und Müller-Thurgau.

Franken – Silvaner und Bocksbeutel

Der Main dominiert das Klima im fränkischen Anbaugebiet. Es gibt eine ganz besondere Flaschenform, den Bocksbeutel, der ausschließlich hier Verwendung finden darf (kleine Ausnahme sind drei weitere Orte in Baden). Der Name geht (vielleicht) auf die Sage zurück, dass die Flasche aussieht wie der Hodensack eines Ziegenbocks – eben Bocksbeutel. Die wichtigsten Rebsorten sind Silvaner, Müller-Thurgau und Bacchus. Es gibt aber auch sensationelle Spätburgunder und Rieslinge.

Saale-Unstrut – altes Anbaugebiet

Wie der Name schon sagt, wachsen die Trauben an den Flüssen Saale und Unstrut. Die Böden sind aus Muschelkalk und Buntsandstein. Im Bereich Thüringen liegen die Mansfelder Seen, die das Klima sehr beeinflussen. Die wichtigsten Rebsorten sind Müller-Thurgau, Weißburgunder und Silvaner.

Sachsen – die Region um Dresden

Das kleinste Anbaugebiet in Deutschland. Der dominierende Fluss ist die Elbe. Die Böden sind sehr vielfältig, von Granit, Lehm, Löss und Sandstein. Wichtigste Rebsorten? Müller-Thurgau, Riesling, Weißburgunder, Grauburgunder.

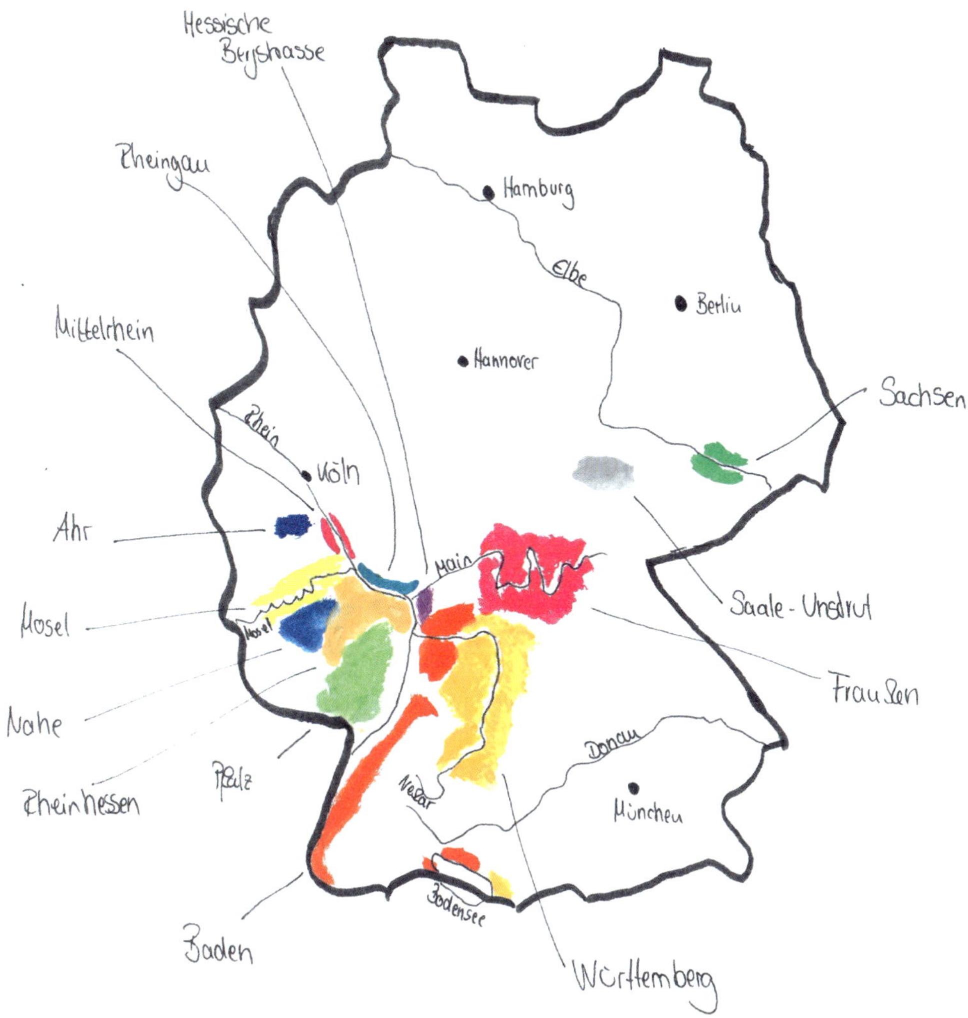
Hessische Bergstrasse
Rheingau
Mittelrhein
Ahr
Mosel
Nahe
Rheinhessen
Pfalz
Baden
Württemberg
Hamburg
Elbe
Berlin
Hannover
Sachsen
Rhein
Köln
Main
Saale-Unstrut
Franken
Mosel
Donau
München
Neckar
Bodensee

Was bedeuten Kirchberg, Hubacker oder Bassgeige?

Abgesehen von den sogenannten Qualitätsstufen gibt es auch andere Indikatoren, die einen qualitativ guten Wein von einem qualitativ sehr guten Wein unterscheiden. Jetzt sind wir wieder beim Terroir angekommen. Am Anfang hatte ich diesen Begriff erwähnt, der das Zusammenspiel von Klima, Boden und Winzer meint. Wenn wir den Winzer einmal ausklammern, dann bleiben Boden und Klima stehen.

Stellen wir uns das Anbaugebiet Baden vor (nicht zu verwechseln mit einem der 16 Bundesländer, Baden-Württemberg). Man könnte mit Trauben, die überall aus dem Badischen kommen, einen Badischen Weißburgunder herstellen.

Denken wir kleiner. Die Trauben für unseren Wein stammen alle nur aus den Weingärten des Örtchens Oberrotweil. So hätten wir einen »Ortswein« – den Oberrotweiler Weißburgunder.

Noch kleiner wäre es, wenn man die Trauben aus nur einem bestimmten Weingarten aus Oberrotweil verarbeiten würde, dann dürfte man die Herkunft des Weingartens auf die Flasche schreiben, zum Beispiel Oberrotweiler Kirchberg.

Kirchberg heißt der Weingarten, eine sogenannte Einzellage. In Frankreich nennt man den Weingarten nicht »Lage«, sondern »Cru«, in Österreich »Riede«. Wenn man das auf einen Kräutergarten umlegen würde, könnte man sagen, die Gartenkräuter, die wir im Söl'ring Hof verwenden, kommen nur aus dem Keitumer Genussshop-Garten. Die Herkunft ist somit klar definiert, die Kräuter können nicht aus Hörnum oder von Föhr kommen, geschweige denn dazugekauft werden.

In allen 13 deutschen Anbaugebieten gibt es Einzellagen, die immer einem bestimmten Ort zugerechnet werden. Die Namen sind oft kirchlich geprägt. Interessant sind die Geschichten allemal, woher ein Kröver Nacktarsch oder ein Saarburger Rausch seine Herkunft hat.

Wie entscheidet man, was eine Einzellage ist? Bodenbeschaffenheit, Klima und Ausrichtung bilden gemeinsam den Faktor, der eine Einzellage bestimmt. Die Lagennamen sind zum Teil schon Hunderte Jahre alt. Im 20. Jahrhundert wurden die Weingärten kartografiert und festgelegt. Eine Änderung brachte das deutsche Weingesetz, das 1973 in Kraft trat.

Um also ein deutsches Weinetikett richtig zu lesen, gibt es jetzt schon einige wichtige Vokabeln. Der erste Detektiv, das Auge, kann direkt recherchieren und Rückschlüsse über den Inhalt der Flasche ziehen: Welche Qualität hat der Wein? Landwein, Tafelwein oder Qualitätswein? Wie wird er schmecken, süß, trocken, kräftig oder leicht? Das können wir anhand des Alkoholgehalts und der Qualitätsstufe vermuten. Auslese, Kabinett trocken oder hat der Wein nur 7 Volumenprozent Alkohol? Aus welcher Rebsorte wurde der Wein gekeltert? Ist er weiß oder rot? Dann können wir Rückschlüsse zum Geschmacksbild ziehen. Riesling oder Spätburgunder? Grauburgunder oder Trollinger?

Dieser Weingarten heißt Oberrotweiler Kirchberg.

Zur Wiederholung: Etiketten lesen

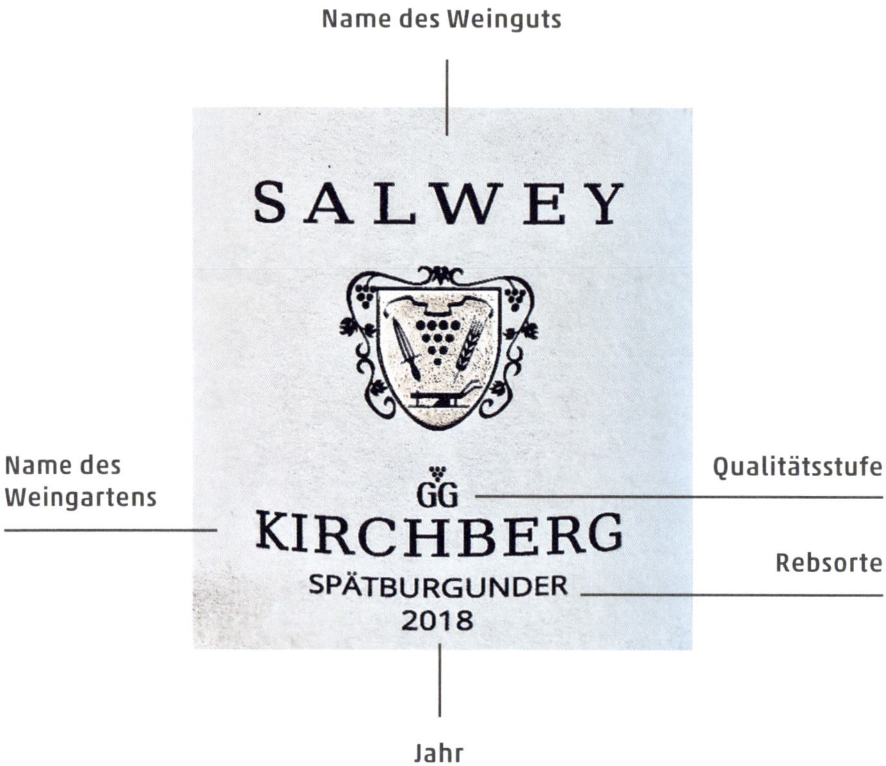

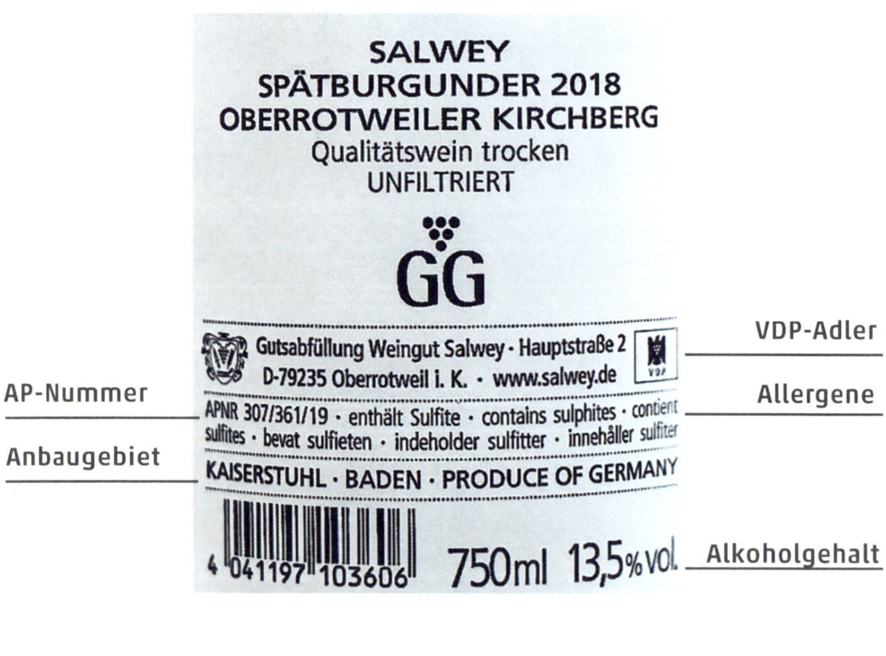

VDP – Verband Deutscher Prädikatsweingüter

Wie in Deutschland üblich, gibt es auch Verbände oder Vereine, die sich mit Wein beschäftigen. Der wichtigste und machtvollste ist der VDP, der Verband Deutscher Prädikatsweingüter. Man erkennt die Weine an dem Adler mit den VDP-Buchstaben in den Fängen auf der Kapsel. Der VDP hat sich Qualität auf die Fahne geschrieben, und zwar nicht anhand des Zuckergehalts, wie es das Gesetz vorgibt, sondern anhand von eigenen Indikatoren. Im Vordergrund steht das Terroir, also der Herkunftsgedanke.

Als Basiswein gilt der VDP-Gutswein – er muss mindestens ein Qualitätswein sein. Die Trauben können von überall aus dem eigenen Anbaugebiet stammen. Ein Beispiel: Weißburgunder Qualitätswein trocken, Weingut Salwey, Baden.

Die nächste Stufe ist der VDP-Ortswein – die Trauben müssen aus Weingärten stammen, die ausschließlich in einem Ort liegen, und mindestens Qualitätswein sein. Ein Beispiel: Oberrotweiler Weißburgunder Qualitätswein trocken, Weingut Salwey, Baden.

Dann folgt die VDP Erste Lage. Das sind speziell ausgewiesene Einzellagen oder Weingärten, die so vom VDP klassifiziert worden sind. Auf den Etiketten steht entweder der Ort und die Lage oder nur »Erste Lage«. Wenn Ort und Lage draufstehen, kommen die Trauben nur aus diesem einen Weingarten. Ein Beispiel: Deidesheimer Herrgottsacker Riesling VDP Erste Lage Qualitätswein trocken, Weingut Reichsrat von Buhl, Pfalz.

Die Qualitätsspitze ist die VDP Große Lage – die besten Weingärten des Landes. Hier gibt es eine Besonderheit: Weine, die aus einer Großen Lage kommen (»groß« steht nicht für Fläche, sondern für eine überragende Qualität; der Begriff ist an das englische *great* angelehnt: »großartig«) und trocken ausgebaut sind, heißen Großes Gewächs, oft als GG abgekürzt. Es stehen meistens nur noch der Lagenname auf dem Vorderetikett und die Rebsorte. Ein Beispiel: Kirchberg Weißburgunder GG, VDP Große Lage Qualitätswein trocken, Weingut Salwey, Baden.

Klingt alles ziemlich kompliziert, oder? Grundsätzlich sind alle Weine trocken, wenn »trocken« oder »Großes Gewächs« (GG) auf dem Etikett steht. Ansonsten sind die Weine nicht trocken.

Na?

ALLES BEHALTEN?

Kleiner Test deutsche Weine

1. Woher darf deutscher Tafelwein stammen?

A Aus bestimmten Bereichen in Deutschland
B Nur von Sylt
C Überall aus Deutschland

2. Was bedeutet »AP«?

A Amtliche Prüfungsnummer
B Amtlicher Portwein
C Außergewöhnliches Produkt

3. Wie viele bestimmte Anbaugebiete gibt es in Deutschland?

A 16
B 14
C 13

4. Was ist kein Anbaugebiet, sondern ein Bundesland?

A Ahr
B Baden-Württemberg
C Hessische Bergstraße

5. Welche Rebsorte gehört nicht der Pinot-Familie an?

A Weißburgunder
B Chardonnay
C Sauvignon Blanc

6. Wie heißen die beiden Nebenflüsse der Mosel?

A Saale und Unstrut
B Rhein und Main
C Saar und Ruwer

7. Was ist eine Einzellage?

A Ein speziell ausgezeichneter Weingarten
B Ein Fass, das separat liegt
C Ein Anbaugebiet

8. Woran misst sich die Qualitätsbezeichnung in Deutschland?

A Alkoholgehalt
B Zuckergehalt
C Weingarten

9. Was ist ein Großes Gewächs?

A Ein Wein aus einer sehr großen Lage
B Eine hochgewachsene Rebanlage
C Eine trocken ausgebaute VDP Große Lage

10. Wie schmeckt folgender Wein und was für ein Wein ist »2019 Bockenauer Riesling Kabinett«?

A Gutswein trocken
B Erstes Gewächs nicht trocken
C Ortswein nicht trocken

FRANKREICH

Mit den französischen Weinen bin ich zunächst in größerem Umfang in München im Restaurant Ederer in Berührung gekommen, denn Bordeaux und Weißweine aus dem Burgund waren dort sehr beliebt. Jahre später – da war ich längst Sommelière im Kronenschlösschen – bekam ich mit den Gourmetfestivals die volle Breitseite der französischen Weine zu verkosten. Bordeaux rauf und runter mit Jahrgängen, die bis ins 19. Jahrhundert zurückreichen, und nur große Namen.

Mit der Zeit stellte ich fest, dass, wenn man viel Bordeaux getrunken hat, man automatisch ins Burgund gelangt. Die Weine sind feiner, eleganter und sehr komplex. Wenn Sie der Meinung sind, Deutschland war ganz schön kompliziert, dann werden Sie feststellen, dass Frankreich viel, viel einfacher ist. Auch wenn Sie es mir am Anfang nicht glauben werden.

Deutschland ist so verschachtelt, da man nie weiß, wie der Wein schmeckt, der in der Flasche ist. Es kann ein süßer oder trockener Riesling sein oder eine andere Rebsorte aus der gleichen Lage, rot oder weiß, leicht oder schwer. Da muss man schon ziemlich genau die Etiketten lesen.

In Frankreich bezieht sich der Wein und der Name des Weins immer auf die Herkunft. Von Vorteil ist, dass alles festgelegt ist: die Rebsorte, der Ausbau und das Geschmacksprofil. Ein Hermitage ist immer von der nördlichen Rhône und es ist vorgeschrieben, dass ein roter Hermitage aus Syrah besteht. Punkt. Ein Meursault kommt immer aus dem Burgund mit Weingärten aus dem Örtchen Meursault (Ortswein/Village), die Rebsorte ist Chardonnay und er ist immer trocken. Ein Pouilly-Fumé kommt immer von der Loire, aus den Weingärten eines festgeschriebenen Bereiches (Appellation) und ist immer aus Sauvignon Blanc und trocken ausgebaut. Deswegen ist es in Frankreich theoretisch einfacher. Alles ist festgeschrieben in bestimmte Appellationen, also Bereiche. Ein Pouilly-Fumé kann niemals aus Riesling sein, niemals süß oder aus dem Bordeaux kommen.

Wichtige Rebsorten

Chardonnay – ein internationaler Player

Die Rebsorte ist eine sogenannte internationale Sorte, da sie auf der ganzen Welt angebaut wird. Eigentlich stammt sie (vermutlich) aus dem Burgund. Am besten präsentiert sie sich aus einem kühlen Klima, dem Cool Climate.

Chardonnay wird sehr häufig im kleinen Holzfass ausgebaut, was dem Wein toastige Noten, Vanille oder Karamellaromen verleiht. Das macht ihn gleichzeitig kräftiger und bulliger.

Die Preise variieren. Im Burgund gehen sie in die Hunderte oder Tausende, woanders gibt es diese Weine zu erschwinglichen Preisen.

Farbe: helles bis kräftiges Gelb
Duft: Banane, Haselnuss, Melone, Mandel, Birne, Apfel, Zitrone
Säure: mittelkräftig bis kräftig

Sauvignon Blanc – eine duftige Rebsorte, aber achten Sie auf die Herkunft!

Eine internationale Rebsorte, die ursprünglich aus dem Bordeaux stammt. Sie kann sehr unterschiedlich ausgebaut werden, von Multivitaminaromen bis hin zu Katzenpipi. Hier kommt es tatsächlich deutlich auf die Herkunft an.

Klassische Anbaugebiete sind die Loire, wo die Weine eher frisch, grasig und leicht sind, aus der Steiermark schmecken sie eher grünlich mit Stachelbeere und Holunderblütenaromen. Kommen sie aus Südafrika, hat man oft grüne Paprika und schotige Noten, aber auch duftintensive Früchte wie Litschi oder Holunderblüten. Neuseeländische Sauvignons sind häufig extrem fruchtig, eine Multivitaminbombe, neigen aber dazu, nach Achselschweiß oder Katzenpipi zu riechen.

Farbe: Hellgelb bis Goldgelb
Duft: Paprika, Stachelbeere, Mango, Gras, Schießpulver, Litschi, Kiwi, Cassis, Holunderblüte
Säure: mittlere Säure

Chenin Blanc – die Vielseitige

Wird hauptsächlich an der Loire angebaut und ist vergleichbar mit Riesling, da man sie als trockenen, halbtrockenen, süßen oder sprudelnden Wein findet. Meine persönliche Assoziation mit Chenin Blanc ist eine Pampelmuse. Diese leicht bittere, aber fruchtige Note macht den Wein oft saftig und zu einem tollen Essensbegleiter.

Farbe: Hellgelb bis Goldgelb
Duft: grasig, Pampelmuse, Pfirsich, Birne, Bitterorange, Melisse
Säure: mittelkräftig bis straff

Cabernet Franc – Mutter des Cabernet Sauvignon

Diese Rebsorte wird im Bordeaux oft mit Cabernet Sauvignon und Merlot verschnitten, also miteinander vermischt. Verschiedene Weine, die miteinander gemischt werden, nennt man auch Cuvée oder Assemblage. An der Loire wird der Cabernet Franc reinsortig ausgebaut. Cabernet Franc hat nicht so viel Tannine wie der Cabernet Sauvignon und ist früher trinkbar. An der Loire wird sie übrigens gekühlt als Chinon getrunken.

Farbe: deutliches Rubinrot, helle Reflexe
Duft: Cassis, schotig, grüner Pfeffer, würzig, Veilchen, Himbeere, Sternanis
Säure: mittel bis kräftig

Syrah oder Shiraz – je nach Herkunft

Stammt eigentlich von der Rhône, wird allerdings auch als internationale Rebsorte bezeichnet und ist ebenfalls in Australien, Südafrika oder Kalifornien beheimatet. Wenn Syrah vom Hermitage-Hügel an der Rhône reift, dann kann er schmecken wie ein dunkles Toastbrot mit Butter und rotem Johannisbeergelee. Köstlich. Aber auch animalisch.

Farbe: dunkles Violett, Granatrot
Duft: schwarzer Pfeffer, Leder, Veilchen, Pflaume, Schokolade, Cassis, Blut, Tabak
Säure: mittel bis kräftig

Grenache – die Rebsorte der Mittelmeerküste

Diese Rebsorte wird im kompletten Mittelmeerraum angebaut, nicht nur in Frankreich, sondern auch in Spanien. Grenache wird selten alleinstehend ausgebaut, sondern eher als Cuvée zum Beispiel im Châteauneuf-du-Pape gemeinsam mit Mourvèdre und Syrah. Die Weine sind beerig, fruchtig und würzig und als reinsortige Weine auch eher tanninarm.

Farbe: Dunkelrot, Rubinfarben
Duft: Pflaume, Granatapfel, Olive, Kastanienhonig, Pfeffer, Zimt, Leder
Säure: wenig bis mittelkräftig

Merlot – Everybody's Darling

Diese internationale Rebsorte findet man im Bordeaux, wo sie als die »feminine« gilt. Aber nicht nur dort, auch in Übersee, Italien, der Schweiz oder Österreich findet man sie. Sie wird oft mit Cabernet Sauvignon cuvéetiert.

Farbe: Dunkelrot, Violettrot, Rubinrot
Duft: Pflaume, Cassis, Kirsche, Brombeere, Himbeere
Säure: weich bis mittelkräftig

Cabernet Sauvignon – Global Player

Sie ist mit Merlot zusammen die wichtigste Traube im französischen Bordeaux. Eine internationale Rebe, die vor allem auch viel in Kalifornien angebaut wird. Die Weine haben Struktur und können durch ihre Tannine besonders gut reifen.

Farbe: Dunkelrot, Rubinfarben
Duft: Cassis, Kirsche, Pflaume, Paprika, Kaffee, Schokolade, getrocknetes Laub
Säure: deutlich bis fein

Anbaugebiete in Frankreich

Loire – leicht und frisch

Der »königliche Fluss« – so wird die Loire genannt. Sie ist von vielen Schlösschen gesäumt, entspringt im Zentralmassiv, fließt dann Richtung Westen und mündet in den Atlantik. Das nördlichste Anbaugebiet gehört zum Cool Climate, an der Atlantikküste herrscht ein maritimes Klima. Wenn man weiter ins Landesinnere wandert, wandelt sich das Klima mit kontinentalen Einflüssen, bis das feucht-gemäßigte Meeresklima durch die hügelige Landschaft gestoppt wird.

Die Böden sind vielfältig. An der Atlantikküste dominieren Kalk, Lehm und Kiesel auf einem uralten Unterboden, der wiederum aus Granit und Schiefer besteht. Es gibt Tuffsteinfelsen und weichen Kalkstein, der durch Meeresablagerungen entstanden ist. Ganz im Osten findet man Silex-Feuerstein. Also ziemlich viele Gesteinsarten in diesem Landstrich.

Bekannte Appellationen sind: Sancerre, Pouilly-Fumé, Muscadet, Chinon. Die vorherrschenden Rebsorten sind: Sauvignon Blanc, Chenin Blanc, Cabernet Franc.

Champagne – königlicher Schaumwein

Dieses weltberühmte Gebiet liegt östlich von Paris. Bekannt ist die Region natürlich für ihre edlen Schaumweine. Das Klima ist kontinental, recht kühl und rau. Der Boden der Champagne besteht hauptsächlich aus Kalkstein, in Reims zum Beispiel aus Kreide. Dort haben die Römer zu ihrer Zeit die sogenannten Kreidekeller angelegt – kilometerlange Stollen –, und wenn man an die Wände fasst, fühlt es sich genauso an wie nasse Tafelkreide aus der Schule.

Die drei wichtigsten Rebsorten sind: Chardonnay, Pinot Noir und Pinot Meunier.

Alle Schaumweine von hier werden mit einer sogenannten klassischen Flaschengärung produziert.

Burgund – das Nonplusultra

Oder das gelobte Land. Da schlägt jedem Weinkenner das Herz höher. Diese Region ist für Weinliebhaber weltweit das Nonplusultra! Etliche Winzer streben danach, den Wein »burgundisch« auszubauen. Das Gebiet liegt im Osten Frankreichs und lässt sich in vier Bereiche aufteilen.

1. Ganz im Norden ist das Chablis, die kühlste Region, in der nur Chardonnay angebaut wird. Die Böden sind aus Kalkstein, sogenannter Jurakalk.

2. Weiter südlich erstreckt sich das Herzstück des Burgunds, die Côte-d'Or. Sie ist in zwei Bereiche unterteilt. Im Norden, an der Côte de Nuits – das N ist meine Eselsbrücke –, ist der Boden eher lehmhaltig mit einem rötlichen Kalksockel als Untergrund. Hier wächst der Pinot Noir am besten.

Im südlichen Teil liegt die Côte de Beaune. Dort verschwindet der rötliche Kalksockel im Untergrund und ein weißer Kalkstein kommt zum Vorschein. Meine Eselsbrücke zur Bodenbeschaffenheit an der Côte de Beaune: Das W, wie weißer Kalk und Weißwein, denn hier werden mehr weiße Weine (Chardonnay) angebaut.

3. Weiter südlich zieht sich die Côte Chalonnaise. Hier sind die Böden wieder anders und die Weine auch. Sie sind lange nicht so teuer wie diejenigen aus der berühmten Region Côte-d'Or mit den weltberühmten Lagen.

4. Der letzte Zipfel im Burgund ist das Mâconnais. Hier wird Weißwein und Rotwein ausgebaut. Ebenso wie im nördlichen Teil, der Chalonnaise, sind die Weine hier eher im mittleren Preissegment angesiedelt, das man sich gut leisten kann.

Grundsätzlich kann man sich für das Burgund merken: Die beiden »edlen« und wichtigsten Rebsorten sind Chardonnay und Pinot Noir. Es werden aber auch Aligoté (weiß) oder Gamay (rot) angebaut, die eher für einfache, günstige, unkomplizierte Weine genutzt werden. Beim Aligoté steht es auch fast immer auf der Flasche.

Eine andere Besonderheit ist das interne burgundische Klassifizierungssystem. Es entspricht genau der Qualitätspyramide des VDP in Deutschland. An der Basis findet man den Bourgogne (Gutswein). Er kann aus allen Bereichen des Burgunds herkommen. Dann folgt der Village (Ortswein), wobei die Trauben nur aus dem Ort stammen dürfen (Meursault, Pommard, Vosne-Romanée). Der Name des Ortes steht mit dem AOC gemeinsam auf der Flasche.

Weiter oben in der Qualitätspyramide oder der »Herkunftspyramide« stehen sehr gute Einzellagen, Weingärten (Crus), die einem bestimmten Ort zugeteilt sind und als Premier Cru bezeichnet werden. Auf dem Etikett würde zum Beispiel Meursault Genevrières Premier Cru stehen. Meursault ist der Ort, Genevrières ist der Weingarten und dieser ist als Premier Cru (Erste Lage) bezeichnet.

An der Spitze, auch bei den Spitzenpreisen, gibt es die Grand Crus, also die Großen Gewächse. Das sind ganz besonders tolle Weingärten, die in der oberen Weltklasseliga spielen. Auf den Etiketten steht keine Ortsbezeichnung mehr, denn dort ist klar, wo sie herkommen (nicht jedem, aber das macht den Franzosen nichts aus). Es ist ein wenig wie bei einem Superstar. Keiner fragt, ob die Queen aus England kam, Michael Jackson Sänger gewesen ist oder Angela Merkel eine deutsche Kanzlerin war. Man weiß es halt einfach. So würde bei einem Grand Cru zum Beispiel Folgendes auf dem Etikett stehen: La Tâche Grand Cru. Der Ort wird einfach weggelassen, denn jeder weiß, dass dieser Wein aus dem Örtchen Vosne-Romanée kommt. Es gibt nur einen La Tâche. Aber die Betitelung Grand Cru, also wie ein Adelstitel oder Doktortitel, steht immer mit dabei »Herr Dr. La Tâche zum Gespräch« – aber man spricht den Titel »Grand Cru« nicht aus, als wenn man gut befreundet wäre mit dem Wein. »Moin, La Tâche, alles schick?« Man versteht sich.

Anhand dieser Burgundischen Pyramide haben sich viele internationale Winzervereinigungen orientiert und eine eigene Klassifikation erstellt.

Beaujolais – gibt es auch in gut!

Diesen leichten, frischen Rotwein kennt man meistens als »Beaujolais Nouveau« oder »Primeur«. In den meisten Fällen sind es einfache, schnell gemachte Weine, die kurz nach der Ernte in den Verkauf kommen. Um sie besser verkaufen zu können, hat man den dritten Donnerstag im November als »Beaujolais-Party« ausgerufen. Achtung: Finger weg davon (ich habe noch keine guten verkostet)! Dennoch muss ich ein Aber hinzufügen: Es gibt sensationelle Beaujolais! Allerdings reifen sie länger als nur ein paar Wochen und haben somit Substanz und Qualität.

Im Beaujolais gibt es zehn Crus, also speziell umrissene Regionen, die den Namen auf die Flasche schreiben dürfen. Die Bodenbeschaffenheit ist granitlastig und die Rebsorte ist Gamay.

Elsass – die andere Seite des Rheins

Die einzige französische Region, in der Riesling angebaut wird. Das Elsass liegt auf der anderen Rheinseite (Rheinebene) von Baden. Im Norden grenzt die Pfalz an das Elsass. Die Etiketten sind aufgrund der Historie des Elsass anders als die aus den anderen französischen Regionen. Es steht die Lage darauf und die Rebsorte. Eine Besonderheit gibt es schon, denn die Grand Crus, also die besonders guten Lagen, dürfen sich nur dann Grand Cru nennen und den Weingartennamen auf das Etikett schreiben, wenn der Wein aus den vier »edlen« Rebsorten gemacht ist: Riesling, Pinot Gris, Muskat, Gewürztraminer.

Rhône – zwei Herzen in einer Brust

Zweigeteilt und doch vereint. Der Fluss entspringt in den Schweizer Alpen, fließt durch den Genfer See, gelangt nach Frankreich und macht dann einen Knick Richtung Mittelmeer. Die Region wird in zwei Teile geteilt: die nördliche Rhône und die südliche Rhône.

Die nördliche Rhône wird von Granit dominiert. Die wichtigste Rebsorte dort ist Syrah – es ist auch die einzige rote Rebsorte hier – und drei weiße: Viognier, Marsanne und Roussanne. Bekannte Appellationen sind Hermitage oder Côte Rôtie.

Die südliche Rhône hat eine sehr vielfältige Bodenbeschaffenheit, genauso wie dort viele Rebsorten wachsen. Die bekannteste Appellation ist mit Sicherheit Châteauneuf-du-Pape.

Provence – Partytime

Die Provence ist das Land des Roséweins. Was hat man direkt für tolle Bilder im Kopf, Lavendelfelder, Roséweine im Glas, mediterranes, türkisfarbenes Mittelmeer. Wenn ich dort wohnen würde, würde ich bestimmt nur Rosé trinken … Die Rosés aus der Provence sind sehr vielfältig. Es gibt sie von leicht, frisch, fruchtig, wunderbar auf der Terrasse zu trinken bis hin zu ernsthaft, kräftig und eher als Essensbegleiter. Aber es gibt ebenso tolle Weißweine wie Rotweine, die allerdings eher unbekannt sind.

Aus Frankreich kennt man oft eher Bordeaux oder Burgunder. Vielleicht noch einen Sancerre. Diese Region ist für Nicht-Rosé-Trinker eher unbekannt. Aber Sie können auch ruhig mal nach Weißwein und Rotwein greifen. Trauen Sie sich! Meistens hat man tolle Weine im Glas. Eher würzig beim Weißwein und kräftig beim Rotwein für einen relativ schmalen Taler.

Bordeaux – seriös und klassisch

Von gut bis schlecht, von günstig bis megateuer – alles ist möglich in diesem bekannten Anbaugebiet. Neben dem Burgund ist das Bordeaux einer der hellsten Sterne am Firmament. Das sehr große Anbaugebiet mit circa 123 000 Hektar liegt um den Fluss Gironde, der in den Atlantik mündet. Man spricht von drei Bereichen: rechtes Ufer, linkes Ufer und Entre deux mers.

Das Entre deux mers liegt im Landesinneren und es werden viele Weißweine, aber auch Rotweine dort angebaut. Aber das ist nicht die Region, die die Herzen der Weintrinker seit Jahrhunderten höherschlagen lässt!

Das linke Ufer, Left Bank oder das Médoc, zieht sich an der Gironde entlang. Die Rebsorte Cabernet Sauvignon dominiert, fast ausschließlich als Cuvée mit Merlot, Cabernet Franc oder Petit Verdot. Der Boden besteht aus Lehm und Kieselsteinen, was eine gute Drainage ergibt. Weiter im Landesinneren liegen die Regionen Sauternes und Barsac, die für ihre Süßweine bekannt sind.

Das rechte Ufer, die Right Bank, lässt sich in drei Gebiete aufteilen: Pomerol, Fronsac und Saint-Émilion. In allen Gebieten des rechten Ufers dominiert der Lehmboden. Das mag die Rebsorte Merlot besonders gerne.

Ganz schön viele Namen, ich weiß …

Um den Unterschied von Bordeaux und Burgund nochmals zu verdeutlichen: Im Bordeaux ist das Weingut klassifiziert. Mouton Rothschild ist ein Premier Grand Cru Classé. Die Rebsorten sind jedes Jahr ähnlich, um die Stilistik beizubehalten, aber können je nach klimatischen Jahresbedingungen variieren. Im Burgund ist der Weingarten klassifiziert und in einem Pyramidensystem verankert.

Languedoc, Roussillon, Südwestfrankreich, Savoyen, Jura und Korsika sind übrigens auch noch Anbaugebiete in Frankreich mit recht unbekannten Rebsorten, die aber trotzdem hervorragende Weine hervorbringen.

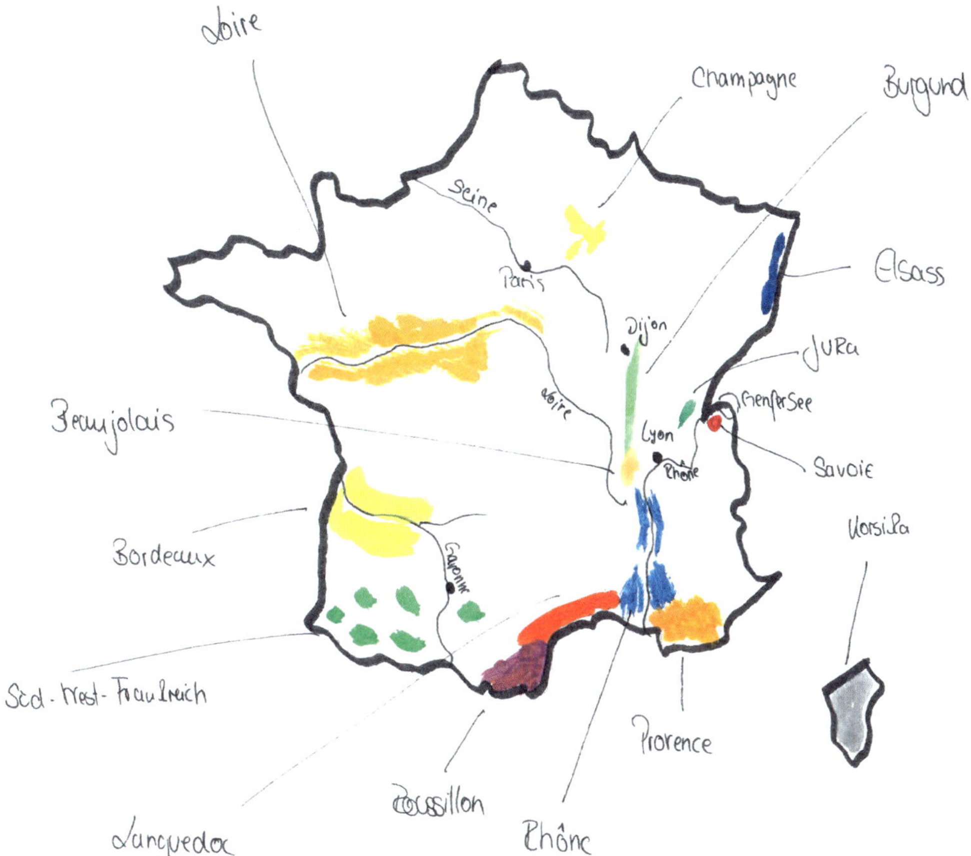
Loire
Champagne
Burgund
Seine
Paris
Elsass
Dijon
Jura
Loire
Genfersee
Beaujolais
Lyon
Rhône
Savoie
Korsika
Bordeaux
Garonne
Süd-West-Frankreich
Provence
Roussillon
Languedoc
Rhône

Na?

ALLES BEHALTEN?

Kleiner Test französische Weine

1. Was bedeutet »AOC«?

A Ein Weingarten
B Eine Rebsorte
C Eine fest umrissene Region mit festgelegten Richtlinien

2. Wo wird hauptsächlich Chenin Blanc ausgebaut?

A In der Champagne
B Im Bordeaux
C An der Loire

3. Aus welcher Rebsorte ist ein Hermitage?

A Cabernet Sauvignon
B Syrah
C Grenache

4. Was ist ein »La Tâche«?

A Ein Grand Cru aus dem Burgund
B Eine Appellation an der Rhône
C Eine Klassifizierung im Bordeaux

5. Was ist ein »Village«?

A Ein Premier Grand Cru Classé aus dem Bordeaux, 1855 klassifiziert
B Ein Ortswein aus dem Burgund
C Eine Rebsorte im nördlichen Frankreich

6. Aus welcher Rebsorte ist ein »Pouilly-Fumé«?

A Chenin Blanc
B Cabernet Sauvignon
C Sauvignon Blanc

7. Welche einzige rote Rebsorte gibt es an der nördlichen Rhône?

A Cabernet Sauvignon
B Grenache
C Syrah

8. Wo ist Merlot eine wichtige Rebsorte?

A Im Burgund
B Auf der rechten Seite im Bordeaux (Right Bank)
C In der Champagne

9. Riesling, Gewürztraminer, Muskat und Pinot Gris ...

A ... sind die edlen Rebsorten für die Grand Crus im Elsass
B ... sind die Rebsorten für die Champagnerherstellung
C ... werden an der Loire angebaut

10. Ordnen Sie die korrekte Region hinzu:

Sancerre	Sauternes	Riesling	Grand Cru
Bordeaux	Loire	Elsass	Burgund

ITALIEN

Bella Italia! Wenn ich an Italien denke, fallen mir sofort etliche Attribute ein, und sie haben immer mit Sonnenuntergängen und Wein zu tun. Für mich ist Italien ein tolles Weinland, welches leider von der Weinindustrie überschwemmt wurde. Allerdings gibt es, wie überall auch, Ausnahmen. Gott sei Dank gibt es immer mehr junge Winzer, die sich Qualität auf die Fahne geschrieben haben und selbstbewusst großartige Tropfen ins Glas bringen. Ich mag gerne Weißweine von Sizilien, Brunellos aus der Toskana und auf einen guten Barbera von Voerzio will ich auch nicht verzichten. Aber das ist mein persönlicher Geschmack. Ich finde, das sollte jeder für sich selbst herausfinden.

Der Aufbau der Qualitätspyramide ist ähnlich wie in Frankreich, allerdings ohne die komplexen Eigenarten einzelner Anbaugebiete. Deswegen kann man Italien als Weinland viel besser überblicken, obwohl es 19 Anbaugebiete gibt. In Italien bezeichnet die Spitze der Pyramide die DOC – Denominazione di Origine Controllata –, ein Qualitätswein mit kontrollierter Ursprungsbezeichnung. Das bedeutet, dass der Wein aus vorgeschriebenen Gebieten kommt, mit speziell dafür bestimmten Rebsorten.

In jedem Anbaugebiet gibt es dann noch die Steigerung des DOC, den DOCG: Denominazione di Origine Controllata e Garantita. Diese Weine sind die Spitzengewächse Italiens. Sie werden streng kontrolliert und bekommen eine staatliche Banderole (Rotweine eine rote und Weißweine eine gelbliche) über den Korken oder am Flaschenhals. Als Beispiel: Ein Barolo wird immer aus dem Piemont stammen und immer aus der Rebsorte Nebbiolo sein. Ein Chianti kommt aus der Toskana und wird aus Sangiovese hergestellt.

Auch Italien hat eigene Rebsorten, aber ebenfalls international angebaute Rebsorten, die wir schon kennengelernt haben.

Staatliche Banderolen für Italiens Spitzengewächse

Wichtige Rebsorten

Sangiovese – ja, ja, der Chianti-Wein, der lädt uns alle ein …

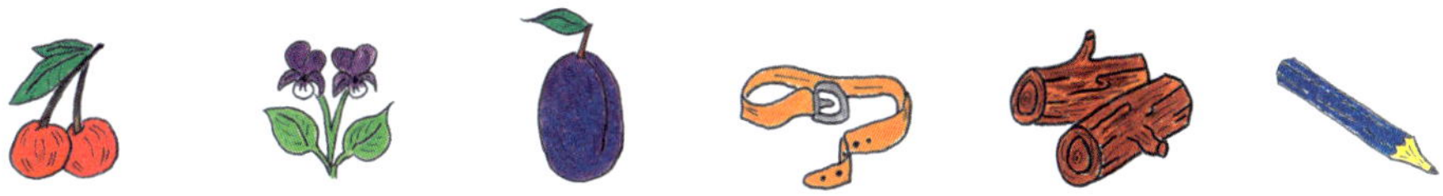

Bevorzugt in der Toskana zu finden oder im Norden Italiens. Aber nicht nur Chianti, sondern auch Brunello di Montalcino, Rosso die Montalcino, Vino Nobile de Montepulciano werden aus der Sangiovese-Traube gewonnen.

Sangiovese hat eine kräftige Säure, gute Struktur und kann kräftig oder auch sehr leicht ausgebaut werden.

Farbe: leicht bis kräftig rubinfarben
Aromen: Kirsche, Veilchen, Pflaume, Leder, Holz, Bleistift
Säure: frisch bis intensiv

Nebbiolo – nebbia bedeutet »Nebel«

Der Name deutet auf einen weißen Belag hin, der sich auf den Traubenschalen bildet, wenn die Trauben reif sind. Man findet diese Sorte hauptsächlich im Norden Italiens. Die aus ihr gekelterten Weine haben ein spezielles Aroma; gerade wenn sie gereift sind, sind sie nicht zwingend Everybody's Darling. Vielleicht muss man sich in diese Weine »eintrinken«, bevor sie einem ihr wahres Ich zeigen.

Farbe: Kirschrot bis Karminrot
Aromen: Veilchen, Tabak, Trüffel, Bitterschokolade, Nelke, Cassis, Kirsche, Brombeere, Eisen
Säure: deutlich

Vermentino – das Mittelmeer lässt grüßen

Sie wird nicht nur in Italien, besonders auf Sardinien, angebaut, sondern auch auf Korsika, im Languedoc beziehungsweise in Südwestfrankreich, eigentlich an allen Küstenregionen des Mittelmeeres.

Weine aus dieser Traube sind oft unkompliziert.

Farbe: Goldgelb
Aromen: Maracuja, Litschi, Mango, Kräuter, Grapefruit, Ananas, Zitrusfrüchte
Säure: mittel

Trebbiano – die meistangebaute Rebsorte in Italien

Aber nicht nur dort, auch in Frankreich ist sie ein Spitzenschlager, allerdings dort unter einem anderen Namen bekannt: Ugni Blanc. Dort wird Schnaps aus ihr gebrannt. Die Weine sind oft nichtssagend.

Farbe: Zartgelb
Aromen: grüner Apfel, Zitrusnoten, Haselnuss, Mandel, Zwergorange, Rosmarin
Säure: moderat

Glera – kennt man unter dem Begriff »Prosecco«

Warum viele Deutsche bloß immer Prosecco trinken möchten? Die Sektflöte aus Pressglas randvoll eingeschenkt, nur die Oberflächenspannung hält das Getränk im Glas. Da ist ein dezentes Abtrinken angesagt. Das ist meine Assoziation und schlechte Erfahrung mit Prosecco.

Prosecco gibt es aber auch »in gut« und in ordentlichen Gläsern! Was sind ordentliche Gläser? Schaumwein wird in 0,1-Liter-Einheiten ausgeschenkt. Das Glas sollte so groß sein, dass der Eichstrich nicht identisch ist mit dem Glasrand.

Farbe: Mittelgelb
Aromen: Blüten, gelber Apfel, Birne, nussig, Pfirsich, grasig
Säure: lebendig und frisch

Barbera – aus Alba oder Asti

Diese Rebsorte stammt vermutlich ursprünglich aus dem Piemont, wo sie neben dem Nebbiolo angebaut wird. Sie gilt allerdings als weniger edle Sorte. Macht aber nichts, denn es gibt trotzdem wundervolle Weine, die nicht so hochpreisig sind. Die Tannine sind nicht so vordergründig, eher weich und frisch.

Farbe: Dunkelrot, Rotviolett
Aromen: Kirsche, Brombeere, dunkle Beeren, Zwetschge, Schokolade, Pilz
Säure: knackig

Ein anderer Name dieser Rebsorte ist Zinfandel, er wird auch oft in Kalifornien unter diesem Namen angebaut.

Warum Monster? Sind die Trauben spät gelesen, hat er einen enormen Alkoholgehalt, was den Wein eher weich und dick werden lässt, aber er macht nach einem Glas schon satt und hat keinerlei Trinkfluss. Allerdings gibt es ihn auch in elegant, mit Säure und Spannung.

Farbe: Schwarzrot
Aromen: schwarze Beeren/Cassis, Blaubeere, Holunderbeere, Kirsche, Zimt, Pfeffer
Säure: wenig bis mittel

Anbaugebiete in Italien

Piemont – heute wird getrüffelt

Ein perfektes Weinpairing mit dem weißen Alba-Trüffel bietet das Piemont. Es liegt am Fuße der Alpen mit den Städten Asti und Alba. Bekannt ist die Region für weiße Trüffel und Haselnüsse. Die bekanntesten Weine sind weltweit begehrt und erzielen hohe Preise. Diese Weine können sehr gut reifen, bekommen, wenn sie älter werden, ein eher animalisches Aroma. Wichtige Rebsorten sind Nebbiolo und Barbera. Bekannte Weine sind: Barolo, Barbaresco, Barbera d'Alba, Roero Arneis, Gavi del Comune di Gavi.

Lombardei – die Champagnerregion Italiens

Diese Region liegt am Gardasee mit der wichtigsten Stadt Mailand. Die Rebsorten sind Chardonnay, Pinot Nero und Pinot Blanco.

Franciacorta ist einer der bekanntesten Weine aus der Region. Bei ihm handelt es sich immer um einen Schaumwein, der mit einem klassischen Champagnerverfahren hergestellt wurde. Bekannt ist auch der Lugana, ein sehr fruchtiger, leichter Wein.

Südtirol / Alto Adige – Alpenwein

Liegt in die Alpen gebettet und weist viel autochthone Rebsorten auf. Aber auch bekannte und internationale Sorten werden dort angebaut. Autochthone Rebsorten sind Rebsorten, die nur in einer bestimmten Region angebaut werden. Pinot Blanco, Pinot Grigio, Sauvignon Blanc, Chardonnay, aber auch Teroldego, Pinot Noir und Lagrein.

Venetien (Veneto) – hier trocknet man die Trauben

Liegt im Nordosten Italiens. Bekannt ist die Region für den sehr kräftigen Amarone. Amarone hat immer um die 15 Volumenprozent Alkohol. Aber auch Valpolicella und Soave sind bekannte Weine dieser Region. An Rebsorten dominieren hier Corvina, Molinara, Rondinella, Garganega, Friulano, Trebbiano, Pinot Bianco, Chardonnay.

Toskana – und Supertoskaner

Hier kann man wunderbare Weine verkosten. Chianti Classico, Brunello di Montalcino, Vino Nobile di Montepulciano sind die klangvollen Namen, die auf den Flaschen stehen. Die rote Rebsorte Sangiovese dominiert hier.

Es gibt noch eine spezielle Region direkt am Meer, sie nennt sich Bolgheri (DOC). Dort kommen die sogenannten Supertoskaner her: Sassicaia, Tignanello, Solaia oder Ornellaia. Sie tauchten in den 1970er-Jahren das erste Mal auf und gelten als Superstars aus Italien. Es sind Cuvées aus der typischen Rebsorte der Region: Sangiovese, oder eine Cuvée aus Cabernet Sauvignon, Merlot oder Syrah.

Weitere Anbaugebiete sind: Abruzzen, Aostatal, Apulien, Basilika, Emilia-Romagna, Kalabrien, Friaul-Julisch Venetien, Kampanien, Latium, Ligurien, Lombardei, Marken, Molise, Sardinien, Sizilien und Umbrien.

Na? ALLES BEHALTEN?

Kleiner Test italienische Weine

1. Aus welcher Rebsorte wird Barolo und Barbaresco hergestellt?

A Aus Sangiovese
B Sind beide unterschiedlich
C Nebbiolo

2. Welche Rebsorten werden im Piemont angebaut?

A Sangiovese und Merlot
B Primitivo und Zinfandel
C Nebbiolo und Barbera

3. Was ist ein »Supertoskaner«?

A Ein Sangiovese
B Ein Rotwein aus der Toskana
C Eine Qualitätsstufe

4. Der Gardasee liegt in welchem Anbaugebiet?

A Toskana
B Sizilien
C Lombardei

5. Was bedeutet DOCG?

A Ein Schaumwein
B Ein Rotwein
C Ist eine Herkunftsbezeichnung

6. Aus welcher Rebsorte wird Prosecco hergestellt?

A Vermentino
B Glera
C Trebbiano

7. Aus was wird Brunello di Montalcino hergestellt?

A Chardonnay
B Sangiovese
C Nebbiolo

8. Welche italienische Rebsorte heißt in Kalifornien Zinfandel?

A Barbera
B Trebbiano
C Primitivo

9. Welche weiße Rebsorte wird nicht nur in Italien, sondern in allen Küstenregionen des Mittelmeers angebaut?

A Chardonnay
B Riesling
C Vermentino

10. Welcher Wein passt hervorragend zum weißen Alba-Trüffel?

A Barbera d'Alba
B Vino Nobile di Montepulciano
C Amarone

SPANIEN *und* PORTUGAL

Die Iberische Halbinsel

Die ersten Rotweine, die ich mochte, kamen aus Spanien. Sie waren rund, weich, hatten wenig Tannine und boten alles an harmonischen Eigenschaften, was ich mir unter Rotwein vorstellte. Rioja, Ribera del Duero und Priorat waren meine Spitzenreiter.

Spanien und Portugal sind heiße Länder, mit vielen Gebirgen. An den Küsten ist es etwas frischer mit einer kühlen Meeresbrise, sodass dort auch weiße Rebsorten angebaut werden können. Im Landesinneren findet man vermehrt die Roten, als Vorreiter den Tempranillo, aber auch viele international angebaute Rebsorten. Zusätzlich gibt es noch besondere Weinarten: Sherry, Madeira, Portwein und Malaga, Moscatel de Setúbal.

Mit Portugal habe ich mich erst viel später beschäftigt, besonders mit Portwein und Madeira – diese großartigen Produkte kannte ich vorher nur als Wein, der in der Küche zum Kochen verwendet wurde.

Portugal bietet extrem viele autochthone Rebsorten, die nur dort zu finden sind, während Spanien die klassischen mediterranen, atlantischen und internationalen Rebsorten aufweist, allerdings besinnen sich immer mehr junge Winzer auf alte Rebsorten.

Zu den Qualitätsweinen in Spanien gehören die D.O. – Denominación de Origen –, 64 eingetragene Regionen, und die DOC – Denominación de Origen Calificada – zwei Regionen, Priorat und Rioja.

Das Qualifizierungssystem ist wie im Rest von Europa auf Regionen abgestimmt. Zusätzliche Bezeichnungen wie Crianza, Reserva und Gran Reserva beschreiben, wie lange die Weine gereift sind, bevor sie auf den Markt gekommen sind. Je länger, desto besser und höher ist die Qualität.

Wichtige Rebsorten

Tempranillo / Tinta Roriz – die Beliebte

Eine früh reifende Sorte. Sie wird besonders im Landesinneren, also im Rioja oder im Ribera del Duero, angebaut. Bei Tempranillo handelt es sich um die Rebsorte der Rotweineinsteiger. Die Tannine sind oft samtig, der Wein einfach zu verstehen, fruchtig und macht viel Spaß. Die Weine sind eher weich und feminin.

Farbe: Hagebuttenrot bis brombeerfarben
Aromen: Waldbeeren, Tabak, Pflaume, Kirsche, Kakao, Lakritz
Säure: wenig

Abariño beziehungsweise Alvarinho – frisch mit knackiger Säure

Lange vermutete man, dass diese leichte, frische Rebsorte mit dem Riesling verwandt ist. Ist sie aber nicht. Sie wird im Nordwesten der Iberischen Halbinsel angebaut, besonders in Rías Baixas und im portugiesischen Vinho Verde. Diese Weine machen viel Spaß, erfrischen und haben oft einen guten Trinkfluss. Sie sind fruchtig, mit einer frischen Säure und haben oft nicht so viel Alkohol.

Farbe: Hellgelb bis Strohgelb
Aromen: Zitrusfrüchte, Apfel, Melone, Kiwi, weiße Blüten
Säure: frisch bis deutlich

Palomino beziehungsweise Listán Blanco – der Shootingstar beim Sherry

Für diese Rebsorte sind verschiedene Synonyme in Gebrauch und man findet sie zum Beispiel unter Listán Blanco auf den Kanarischen Inseln. Aber nicht nur dort. Einen besonderen Stellenwert hat sie im Sherrygebiet in Andalusien. Dort wächst sie auf den weißen Albariza-Böden und bringt ganz besondere Gewächse hervor.

Der Duft erinnert oft an eingelegte Walnüsse oder schwarzen Tee.

Farbe: Hellgelb bis Mittelgelb
Aromen: Mandel, Apfel, Kräuter, schwarzer Tee, Walnuss
Säure: knackig bis mittel

Mencía beziehungsweise Jaen du Dão – unbekannt, aber oho

Diese rote Rebsorte liebt es kühler und sie mag Schieferböden. Deshalb findet man sie im Nordwesten. Die Weine sind eher fein, komplex und straff. Sie sind eher verhalten in der Farbgebung und passen hervorragend zu Fischgerichten.

Farbe: helles Kirschrot
Aromen: Süßkirsche, Waldbeeren, Lavendel, Rose, Mandel
Säure: weich und harmonisch

SPANIEN

Anbaugebiete in Spanien

Rioja, das Herz Spaniens

Das bekannteste Anbaugebiet. Die Weingärten sind rechts und links des Flusses Ebro zu finden. Es wird circa 75 Prozent Rotwein angebaut. Das Klima ist vorwiegend kontinental, die Böden sind zum Teil eisenhaltig. Die wichtigste rote Rebsorte ist Tempranillo, aber auch Grenache und Mazuelo wachsen dort.

Rioja ist in drei Bereiche eingeteilt, die sich von Klima und Boden unterscheiden. Außerdem hat dieses Anbaugebiet den spanischen Wein auf die Weltbühne gebracht und das Interesse geweckt.

Ribera del Duero – ein Fluss aus Rotwein

Der Duero ist ein Fluss, er entspringt im spanischen Hochgebirge, fließt Richtung Westen, überschreitet die Grenze zu Portugal, wird dort zum Douro und mündet dann bei Porto in den Atlantik. Das Klima im Ribera del Duero ist kontinental mit atlantischen Einflüssen. Die Böden sind wenig fruchtbar und meistens aus Sedimentablagerungen von Sand, Schluff und Ton mit einem hohen Kalkanteil. Die wichtigste Rebsorte ist Tempranillo – hier heißt sie Tinta del País.

Diese Region hatte ihren großen Aufschwung mit einem Kultwein, dem Vega Sicilia, einer Cuvée aus Tempranillo, Merlot und Cabernet Sauvignon.

Priorat – klein und unbekannt

Katalonien pur und in der Nähe von Barcelona gelegen. Die Flussregion ist nicht groß, macht aber großen Wein! Der Boden besteht hauptsächlich aus Schiefer und Granit. Das Klima ist mediterran und sehr trocken in den Hochlagen. Die Weingärten sind zum Teil so steil, dass sie nur per Hand bewirtschaftet werden können. Der Aufwand ist also extrem hoch, die Erträge extrem niedrig. Das erklärt die hohen Preise der Weine.

Lange Zeit wurden viele internationale Rebsorten hier angebaut, wie Cabernet Sauvignon und Merlot. Genau diese Weine haben die Region bekannt gemacht. Aber die besten Weine werden aus den typischen Rebsorten wie Grenache (Garnacha), Carignan und Mazuelo hergestellt.

Penedès – hier gibt es Perlen

Südlich von Barcelona befindet sich das sogenannte Schaumweingebiet. Hier werden die meisten Cavas produziert. Dafür sind die Rebsorten Xarel-lo, Parellada, Macabeo, Chardonnay und Pinot Noir zugelassen. Für rosafarbene Cavas wird Monastrell und Grenache verarbeitet.

DO Jerez-Xérès-Sherry y Manzanilla de Sanlúcar de Barrameda

Hier wird unter anderem Sherry hergestellt. Das erste klassifizierte Anbaugebiet Spaniens (1935). An der andalusischen Küste hat man weiße Kreideböden, sie nennen sich Albariza-Kreide. Man spricht auch über das »Sherry-Dreieck« mit den drei Orten Jerez de la Frontera, Sanlúcar de Barrameda und El Puerto de Santa María. Die wichtigsten Rebsorten in diesem Gebiet sind Palomino, Moscatel und PX.

PORTUGAL

Die Qualitätsbezeichnung ist ähnlich wie in Spanien: DO – Denominação de Origem –, also eine herkunftsgebundene Qualitätsbezeichnung. Besonders bekannt ist Portugal für seinen Portwein und Madeira, zwei absolute Spezialitäten, die nur die Portugiesen perfekt beherrschen. Seit den 1980er-/1990er-Jahren allerdings sind auch »normale Weine« auf dem Vormarsch. Besonderen Dank muss da Dirk van der Niepoort gelten, der die besonderen Weine weltbekannt gemacht hat.

Anfangs noch als »günstiger Abklatsch« zu Spanien, sind es ernst zu nehmende Weine, die so nur einmal auf der Welt zu finden sind. Ein großer Vorteil sind die autochthonen Rebsorten, die Portugal bewahrt hat. Im Gegensatz zu anderen Weinbauländern werden in Portugal wenig internationale Rebsorten wie Cabernet Sauvignon oder Merlot angebaut.

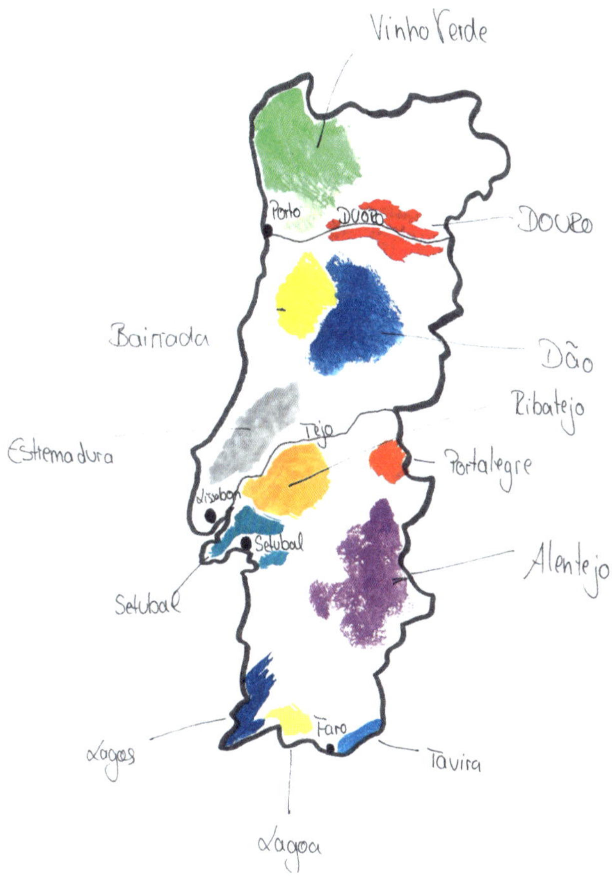

Wichtige Rebsorten

Loureiro – mit oder ohne Holz

  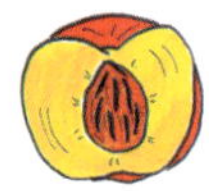 

Diese Rebsorte wird oft im Vinho Verde als Cuvée mit anderen Rebsorten zusammengefügt. Aber wenn sie für sich allein steht, dann zeigt sie doch ihr wahres Potenzial.

Farbe: Grüngelb
Aromen: Lorbeerblatt, Aprikose, Pfirsich, Pflaume
Säure: frisch

Touriga Nacional – Portwein und noch mehr

Die wichtigste rote Rebsorte Portugals. Sie hat ein Megapotenzial. Touriga ist die wichtigste Rebsorte bei der Portweinbereitung, aber auch separat ausgebaut zeigt diese besondere, autochthone Rebsorte, was sie kann.

Oft wird sie mit Tinta Roriz, Touriga Franca oder Tinta Barroca cuvéetiert. Eine tolle Rebsorte, die man unbedingt im Glas erleben sollte.

Farbe: Schwarzrot
Aromen: Kirsche, Maulbeere, Brombeere, Pfeffer, Leder, Rose, Veilchen
Säure: mittel

Anbaugebiete in Portugal

Vinho Verde – das Land der leichten Weißweine

Der Norden Portugals ist der sogenannte grüne Garten des Landes. Der wichtigste Fluss ist der Minho, hier werden vorwiegend weiße Rebsorten angebaut. Vinho Verde – grüner Wein ist oft bekannt für leicht süßliche Weine mit etwas Kohlensäure. Allerdings gibt es mittlerweile sensationell frische, trockene Vinho Verdes, die eine überragende Qualität aufweisen.

Douro – Port, oh geliebter Port!

Der Nordosten wird dank einer Gebirgskette von den kühlen Atlantikwinden abgeschirmt und ist eher von einem kontinentalen Klima geprägt. Sie wissen noch? Kalte Winter und heiße Sommer …

Das Dourotal ist die Welt der Portweine. Es handelt sich hier um das älteste klassifizierte Anbaugebiet der Welt (seit 1756). Hier kommt der Portwein her. Nur von hier. Alles andere darf sich nicht Portwein nennen, allerdings genauso hergestellt werden.

Aber nicht nur die Portweine, sondern auch wunderbare rote und auch weiße Weine werden hier gekeltert. Eine wichtige Persönlichkeit in dem Weinbereich ist Dirk van der Niepoort, der seit den 1980er-Jahren unermüdlich die Tischweine nach vorn gebracht hat.

Die wichtigsten Rebsorten sind: Touriga Nacional, Tinta Roriz, Rabigato, Viosinho.

Madeira – ein Kleinod im Atlantik

Madeira war ab dem 15. Jahrhundert einer der wichtigsten Warenumschlagplätze der transatlantischen Schiffe. Aber nicht nur das, hier wurden schon immer wunderbare Weine angebaut, sogar die langlebigsten der Welt.

Madeira ist ein sogenannter gespriteter Wein, bei dem die Hefen während der Gärung mit hochprozentigem Alkohol gestoppt werden und so die natürliche Süße erhalten bleibt. Danach reift der Wein mit Hitze und Luft, der Zucker karamellisiert und bekommt so sein unverwechselbares Aroma.

Die wichtigsten Rebsorten: Malvasia Bianca di Candia (Malvasia oder Malmsey sind Synonyme für diese Rebsorte), Verdelho, Boal, Sercial.

Na?

ALLES BEHALTEN?

Kleiner Test spanische und portugiesische Weine

1. Welche Rebsorte wird unter anderem beim Sherry verwendet?

A Palomino
B Pinot Noir
C Tempranillo

2. Woher kommt Portwein?

A Kann weltweit hergestellt werden
B Aus ganz Portugal
C Aus dem Dourotal

3. Wo ist das Priorat?

A Im spanischen Hochgebirge
B An der Atlantikküste
C In der Nähe von Barcelona

4. Was ist Madeira?

A Ein Rotwein
B Ein gespriteter Wein
C Ähnlich einem Vinho Verde

5. Wofür ist Sanlúcar de Barrameda bekannt?

A Schaumwein/Cava
B Portwein
C Sherry

6. Wie heißt die wichtigste rote Rebsorte Portugals?

A Merlot
B Grenache
C Touriga Nacional

7. Wie wird Tempranillo im Ribera del Duero genannt?

A Cabernet Sauvignon
B Grenache
C Tinta del País

8. Alvarinho wird unter anderem in welchem Anbaugebiet angebaut?

A Priorat
B Jerez
C Vinho Verde

9. Was ist ein grüner Wein?

A Ein Portwein
B Ein Sherry
C Ein Vinho Verde

10. Bei welchem Wein muss der Zucker karamellisieren?

A Tempranillo
B Grenache
C Madeira

ÖSTERREICH

Die Anbaugebiete in Österreich sind in fünf generische Weinbaugebiete aufgeteilt, die sich dann in kleine Bereiche oder DAC aufteilen. DAC steht für Districtus Austriae Controllatus, also eine Bezeichnung für gebietstypische Weine.

Die Qualitätsweine sind an einer speziellen rot-weißen Kapsel oder Banderole zu erkennen und an der staatlichen Prüfnummer. Besonders hervorzuheben ist, dass dieses kleine Land mit den ganz großen Weinen der Welt locker mithalten kann. Die Anbaugebiete liegen vorwiegend im Osten des Landes, ein wenig Weinbau wird auch in den Bergregionen betrieben. Durch den »Weinskandal« von 1985 steht der Weinbau in seiner vollen Blüte. Ich kenne kein Land, das so viel Kraft in sein Weinmarketing (ÖWM, Österreich Wein Marketing) investiert.

Die österreichischen Winzer machen einfach Megastoff, haben außerdem ein sensationelles Marketing und arbeiten hart an ihren Ideen, um das Thema Wein nach vorn zu bringen. Wie in Deutschland gibt es Qualitätsweine, auch hier stehen immer die Rebsorte und der Name des Weingartens auf der Flasche. Da sie sich in der Weiterentwicklung befinden, ist gerade viel Bewegung im Glas.

Die bekanntesten Rebsorten Österreichs sind der Grüne Veltliner und der Blaufränkisch. Aber es werden auch viele autochthone, also eigenständige, Rebsorten angebaut: Neuburger, Rotgipfler, Roter Veltliner, Welschriesling, Zierfandler oder Zweigelt. Typisch österreichische Rebsorten sind auch Muskateller, Sauvignon Blanc, Chardonnay, Weißburgunder oder Riesling.

Wir haben im Söl'ring Hof eine relativ große Auswahl an österreichischen Weinen, denn sie passen sehr gut zu unserer Küche – im Pairing mit den Speisen haben sie genügend Extrakt und etwas weniger Säure, um sich als perfekter Speisebegleiter zu präsentieren. Außerdem haben sie ein Alleinstellungsmerkmal, wie zum Beispiel Grüner Veltliner oder Blaufränkisch, das man nur bei diesen Weinen findet.

Österreichische Rieslinge sind nicht so mineralisch wie die deutschen, sondern gehaltvoller und extraktreicher, erinnern eher an elsässische Weine als an die deutschen.

Wichtige Rebsorten

Grüner Veltliner – und dazu ein Schnitzel

Eine der wichtigsten weißen Rebsorten des Landes. Sie wird fast ausschließlich in Österreich ausgebaut und könnte somit als autochthon bezeichnet werden. Die Weine haben ein sehr gutes Reifepotenzial. Die Säure ist meistens moderat, die Anbauweise unterschiedlich. Grüner Veltliner kann kräftig, gereift sein, leicht und spritzig oder auch mal im Holz ausgebaut, was ihn rund und füllig erscheinen lässt.

Farbe: Grüngelb bis Goldgelb
Aromen: Pfeffer, Honig, Melone, Apfel, Birne, Kräuter
Säure: leicht bis rassig

Blaufränkisch beziehungsweise Lemberger – lieber würzig als marmeladig!

Stammt in Deutschland meistens aus Württemberg, in Österreich ist es die wichtigste rote Rebsorte und wird dort »Blaufränkisch« genannt. Wenn die Rebsorte etwas »kühler« ausgebaut wird, also nicht zu spät gelesen wird und die Trauben nicht überreif sind, dann wird der Wein eher würzig. Das ist dann richtig gut, finde ich.

Blaufränkisch kann hervorragend reifen und zeigt dann sein volles Potenzial.

Farbe: farbintensiv, Dunkelrot, Schwarzrot, lila Reflexe
Aromen: Cassis, Bananenschale, Holunderbeere, Brombeere, Blaubeere, Minze, Zimt
Säure: intensiv

Zweigelt – leckerer Wein für jeden Tag

Diese Rebsorte wird oft in Cuvées verwendet, gemeinsam mit Blaufränkisch oder St. Laurent zusammen. Als einzelne Sorte angebaut, hat sie eine helle Farbgebung und erinnert an Sauerkirschen.

Farbe: Rubinfarben, Violettrot
Aromen: Herzkirsche, Pfeffer, Holunderbeerengelee, Brombeere, Zimt
Säure: frisch und knackig

Anbaugebiete in Österreich

Niederösterreich

Niederösterreich setzt sich aus verschiedenen Anbaugebieten zusammen: Weinviertel, Kremstal, Kamptal, Traisental, Wagram, Carnuntum und die Thermenregion. Die Wachau ist vermutlich das bekannteste.

Wachau – Terrassen an der Donau

Diese Region an der Donau ist vermutlich die bekannteste in Österreich. Die wichtigsten Rebsorten sind Grüner Veltliner und Riesling. Die Böden sind wie ein Mosaik – vielfältig. Das Anbaugebiet zieht sich auf einer Strecke von circa 20 Kilometern entlang der Donau, circa 65 Kilometer vor Wien. Seit 2020 ist das Gebiet DAC-klassifiziert. Bekannt ist die Region allerdings durch einen Verein, die Vinea Wachau, der vor vielen Jahren ein eigenständiges Qualifizierungssystem herausgegeben hat, welches sich am Alkoholgehalt orientiert.

Drei Weine seien hier besonders erwähnt. Erstens: Steinfeder – der Name leitet sich von einer Grasart ab und symbolisiert die Leichtigkeit des Weins, als wenn der Wind durch das Gras streifen würde. Dieser Wein ist leicht, frisch, fruchtig und enthält wenig Alkohol.

Zweitens: Federspiel – der Name weist auf das sogenannte Federspiel hin: Früher ist in der Wachau viel mit Raubvögeln gejagt worden. Mit dem Federspiel hat man den Jagdvogel (Falken) zurückgeholt. Der Name bezeichnet die Leichtigkeit des Weins, aber auch die Kraft des Vogels. Ein leichter bis mittelschwerer, trockener Weißwein mit einem ausgeprägten Charakter und moderatem Alkoholgehalt.

Drittens: Smaragd. In den terrassierten Weingärten liegen die Smaragdeidechsen und wärmen sich in der Sonne. Sie symbolisieren die Kraft der Sonne. Smaragdweine sind kräftig und spielen in der obersten Liga mit. Ein kräftiger Wein, oft an Honig erinnernd, mit moderatem bis hohem Alkoholwert.

Steiermark – eine Vielfalt an Böden – und Südsteiermark

Diese Region ist für ihren Sauvignon Blanc bekannt. Diese Weine sind hier heimisch und haben ein individuelles Aroma. Obwohl es eine duftige Rebsorte ist, kann sie auch weniger duftig, eher auf das Terroir eingehend ausgebaut werden, ohne die intensiven Multivitaminnoten, die man in Neuseeland findet. Diese Weine sind absolut eigenständig und großartig.

Als zweite wichtige Rebsorte ist der Chardonnay zu nennen, er wird hier Morillon genannt und ist auch eher eigenständig zu sehen. Die Weine stehen für sich, sind nicht international, sondern sehr durch das Terroir geprägt.

Aber nicht nur Morillon und Sauvignon Blanc werden hier angebaut. Auch Gelber Muskateller, Weißburgunder und Grauburgunder sind typisch für die Steiermark. Angrenzende Gebiete sind die Weststeiermark und das Vulkanland Steiermark.

Burgenland

Diese Region, an der Grenze zu Ungarn, ist in fünf Bereiche eingeteilt: Eisenberg, Laithaberg (inklusive Rust), Mittelburgenland, Neusiedlersee und Rosalia. Durch den Neusiedlersee trifft hier ein maritimes Klima auf das pannonische, kontinentale Klima aus Ungarn.

Die Rebsorten, die hier gedeihen, sind Weißburgunder, Welschriesling, Blaufränkisch, Zweigelt und internationale Rebsorten wie Cabernet Sauvignon und Chardonnay.

Wien – Wiener Wein

Wien ist nicht nur eine Stadt, sondern auch ein Anbaugebiet mit circa 575 Hektar Anbaufläche. Die Böden bestehen aus Buntsandstein, Kalk, Mergel und Quarz. Grüner Veltliner, Weißburgunder, Riesling, Chardonnay und Muskateller werden hier angebaut.

Eine große Besonderheit ist der Wiener Gemischte Satz DAC. Es müssen mindestens drei verschiedene Rebsorten sein, die gemeinsam geerntet und gekeltert werden, im Gegensatz zu einer Cuvée, bei der verschiedene Weine gemischt werden.

Weinbauregion Bergland

Mit circa 220 Hektar ist die Weinbauregion Bergland eine eher kleine Region, die sich in Vorarlberg, Tirol, Salzburger Land (0,06 Hektar), Oberösterreich und Kärnten einteilen lässt.

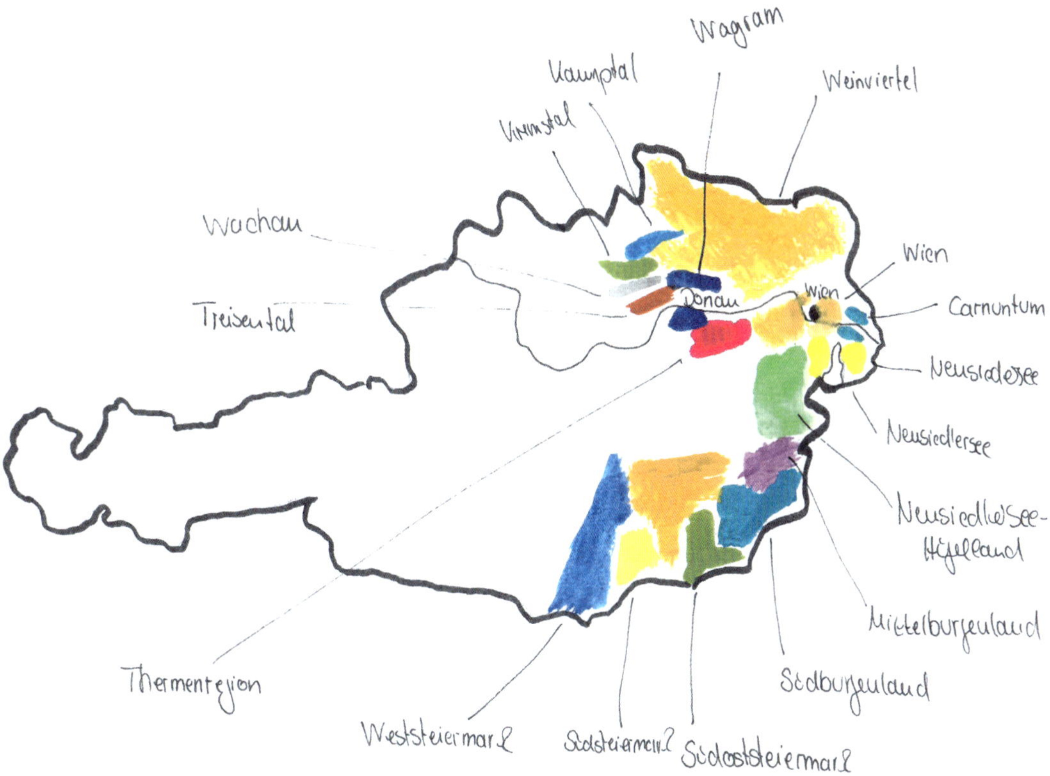
Wagram
Kamptal
Weinviertel
Kremstal
Wachau
Donau
Wien
Wien
Carnuntum
Treisental
Neusiedlersee
Neusiedlersee
Neusiedlersee-Hügelland
Mittelburgenland
Thermenregion
Südburgenland
Weststeiermark
Südsteiermark
Südoststeiermark

Na? ALLES BEHALTEN?

Kleiner Test österreichische Weine

1. Was ist eine autochthone Rebsorte?

A Eine Rebsorte, die überall auf der Welt angebaut wird
B Eine weiße Rebsorte mit unterschiedlichen Eigenschaften
C Eine Rebsorte, die man nur in einer bestimmten Region findet

2. Ein Smaragd kommt aus ...

A .... der Südsteiermark
B ... dem Neusiedlersee
C ... der Wachau

3. Welcher große Fluss fließt durch Österreich?

A Der Rhein
B Die Donau
C Die Elbe

4. Wie heißt die österreichische Rebsorte »Blaufränkisch« in Deutschland?

A Spätburgunder
B Trollinger
C Lemberger

5. Für welche Rebsorte ist die Steiermark bekannt?

A Sauvignon Blanc
B Grüner Veltliner
C Riesling

6. Welcher große See liegt im Burgenland?

A Neusiedlersee
B Chiemsee
C Bodensee

7. Welches Aroma sagt man dem Grünen Veltliner nach?

A Veilchen
B Banane
C Pfeffer

8. Wie heißt der Chardonnay in der Steiermark?

A Pinot Blanc
B Pinot Bianco
C Morillon

9. Was ist ein Wiener Gemischter Satz DAC?

A Eine Cuvée aus verschiedenen Rebsorten
B Ein Wein aus verschiedenen Rebsorten
C Ein Wiener Wein, der aus einer Rebsorte besteht

10. Wie groß ist die Anbaufläche von Salzburg?

A 0,06 Hektar
B 60 Hektar
C 0,6 Hektar

ÜBERSEE

In unserer kleinen Weinwelt fassen wir oft Neuseeland, Südafrika, Chile, Argentinien und Amerika als »neue Welt« zusammen. Das wird dem allerdings nicht gerecht, denn wie man schon allein an der Auflistung sehen kann, steht jedes Land für sich selbst.

NEUSEELAND

Die Welt der quietschigen Sauvignon Blancs. Ein Sauvignon von Neuseeland ist unverwechselbar. Die Weine erinnern oft an Multivitaminsaft und exotische Früchte. Wer Pech hat, wird Achselschweiß und Katzenpipi riechen. Aber wie schon ein bekannter Entertainer sang: »Katzenklo, Katzenklo, ja, das macht die Katze froh.« Doch es gibt auch Winzer, die die Weine etwas anders anbauen, als das typische Geschmacksbild, das man von Neuseeland kennt. Wunderbare, leichte und duftige Sauvignons, die einem nicht direkt die Breitseite geben und einen an grüne Kiwis und frische Litschi erinnern lassen. Neuseeländische Weine sind beliebt, da man Aromen deutlich erkennt und gerade die Duftigkeit der Rebsorte Sauvignon Blanc ist unverwechselbar. Eine andere wichtige Rebsorte, die für Neuseeland steht, ist die Diva Pinot Noir. Wen wundert es, dass die Rebsorte auch hier eher duftig ausfällt?

Anhand der beiden Rebsorten, die für diese Region stehen, kann man auf das Klima Rückschlüsse ziehen: Es ist eher ein kühles Klima oder ein Cool Climate, wie man in der Weinsprache sagt.

SÜDAFRIKA

Das Klima ist, wie nicht anders zu erwarten, eher warm und trocken, besonders im Landesinneren. Durch den Benguelastrom, einen kalten Meeresstrom, der von der Antarktis an der Küste Südafrikas entlangzieht, ist das Wasser eher kühl. Man kann von einem maritimen Klima sprechen. Deswegen verteilen sich die Anbaugebiete oder Distrikte im Südwesten des Landes. Wichtige Rebsorten in Südafrika sind: Chenin Blanc (hier Steen genannt), Sauvignon Blanc, Sémillon, Viognier, Cabernet Sauvignon, Shiraz, Merlot und Cinsault.

Pinotage – der Inbegriff für südafrikanischen Wein

Eine Kreuzung aus Pinot Noir und Cinsault, die 1925 erschaffen wurde. Oft wird sie als Cuvéepartner genutzt. Bei Blindverkostungen hat man oft ein Latexaroma in der Nase.

Farbe: Rubinrot, mal hell, mal dunkel
Aromen: Latex, Maulbeere, Banane, Zimt, Nelke, Schwarze Johannisbeere, Pflaume

Sémillon – eine Reise um die Welt

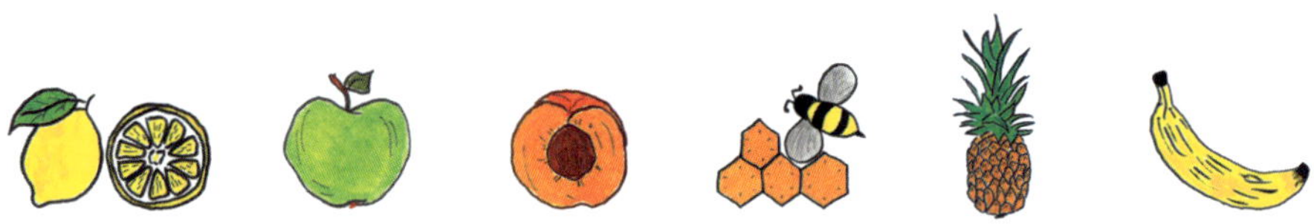

Diese besondere Sorte kommt vermutlich aus dem Bordeaux, sie wird aber auch in Südfrankreich, Südafrika, Chile, Australien und Kalifornien angebaut. Es werden unter anderem besondere Süßweine aus ihr hergestellt.

Farbe: Gelb bis Goldgelb
Aromen: Zitrone, Apfel, Aprikose, Honig, Exotik

USA

Die kontrollierten Anbaugebiete, hier AVA genannt, verteilen sich hauptsächlich an der Ostküste. Die bekanntesten Weine kommen aus Kalifornien mit den klangvollen Namen Napa Valley, Sonoma County, aber auch weiter im Norden findet man Wein – dort herrscht wieder ein Cool Climate wie in Washington oder Oregon.

Die wichtigsten Rebsorten sind in der Rebsorten-Beschreibung schon vorgestellt worden: Chardonnay, Zinfandel (Primitivo), Merlot, Cabernet Sauvignon. Riesling findet man – eher im Norden – auch.

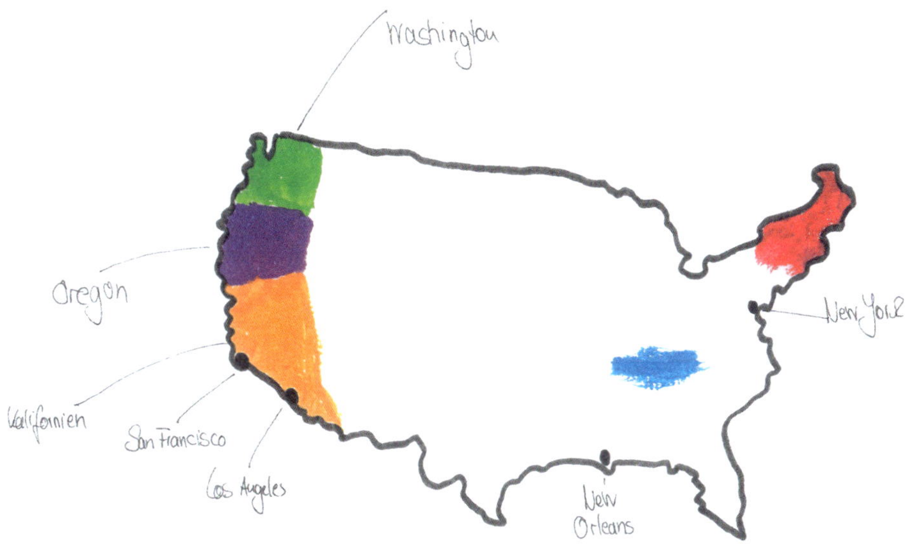

ARGENTINIEN

Die Anbaugebiete liegen im Landesinneren beziehungsweise im Westen am Fuße der Anden. Die wichtigste Rebsorte ist Malbec. Sie stammt ursprünglich aus Frankreich, wo sie heute auch dort noch punktuell angebaut wird. In Argentinien allerdings ist Malbec der Shootingstar. Das Land hat sich Malbec auf die Fahne geschrieben.

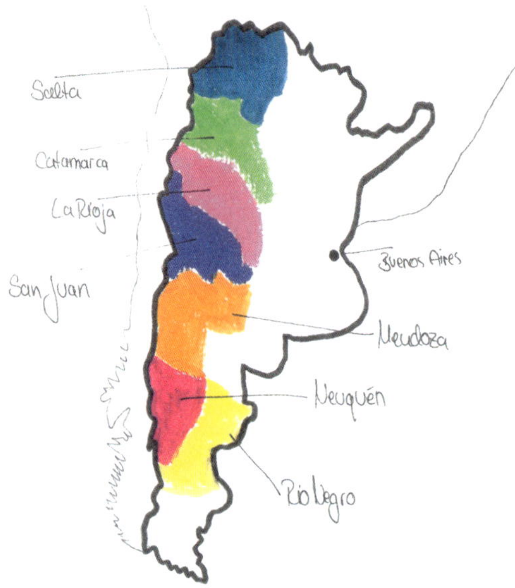

Malbec – aus Frankreich eingeschleppt

Diese rote, rassige Sorte wird nicht nur in Argentinien, sondern auch viel in Südwestfrankreich angebaut oder als Cuvéepartner im Bordeaux. Die Weine sind sehr dunkel in der Farbgebung und kräftig. Argentinische Malbecs muten etwas weicher an als die maskulinen Weine aus dem Cahors in Südwestfrankreich.

Farbe: Schwarzrot
Aromen: Pflaume, Schokolade, Tabak, Trüffel, Kirsche, Holunderbeere
Säure: knackig

Andere Rebsorten in Argentinien: Cabernet Sauvignon, Merlot, Shiraz, Barbera, Chardonnay und Chenin Blanc

CHILE

Auf der anderen Seite der Anden versteckt sich an der Ostküste des Kontinents Chile. Die Weingärten dort sind alle alt und wurzelecht, denn die Reblaus hat es nicht über die Anden geschafft. Eine große Besonderheit ist die Carménère. Diese besondere Sorte stammt aus dem französischen Bordeaux und wurde ursprünglich in Chile als Merlot wahrgenommen, bis man dank Gentechnik nachweisen konnte, dass es sich nicht um Merlot handelt.

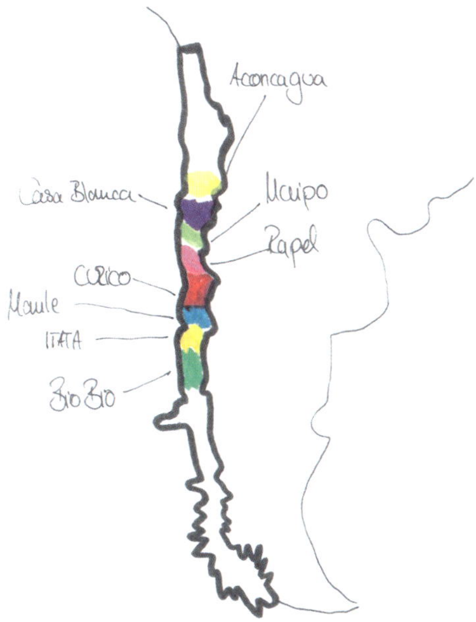

Carménère – und sie dachten, es sei Merlot

Sie wird zum Teil noch als Cuvéepartner im Bordeaux angebaut, spielt allerdings in Frankreich eine eher untergeordnete Rolle.

Farbe: Dunkelrot mit lila Reflexen
Aromen: Brombeere, Pflaume, Paprika, Schokolade, Zimt
Säure: eher moderat

Andere Rebsorten in Chile: Chardonnay, Sauvignon Blanc, Sémillon, Chenin Blanc, Cabernet Sauvignon, Merlot, Shiraz

Na?
ALLES BEHALTEN?

Kleiner Test Weine aus Übersee

1. Welche Rebsorten sind typisch für Neuseeland?

A Cabernet Sauvignon und Pinot Noir
B Sauvignon Blanc und Pinot Noir
C Sauvignon Blanc und Pinot Gris

2. Malbec wird wo angebaut?

A Loire und Chile
B Chile und Argentinien
C Cahors und Argentinien

3. Wie heißt die Rebsorte, deren Eltern Pinot Noir und Cinsault sind?

A Pinot Meunier
B Pinot Nero
C Pinotage

4. Welche Rebsorte findet man in den USA eher im Norden?

A Shiraz
B Cabernet Sauvignon
C Riesling

5. Was ist eine der wärmsten Regionen in Australien?

A Barossa Valley
B Tasmanien
C Adelaide

6. Welche weiße Rebsorte wird viel in Südafrika angebaut?

A Chardonnay
B Chenin Blanc
C Sauvignon Blanc

7. Welche Gebirgskette hat Chile vor der Reblaus geschützt?

A Alpen
B Pyrenäen
C Anden

8. »Quietschiger« Sauvignon Blanc kommt meistens woher?

A Aus Australien
B Aus Chile
C Aus Neuseeland

9. Welche Rebsorten werden in Übersee, aber auch als Cuvéepartner im Bordeaux angebaut?

A Cabernet Sauvignon und Merlot
B Pinot Noir und Pinot Meunier
C Cabernet Sauvignon und Chardonnay

10. Welche Rebsorte hielt man ursprünglich für Merlot in Chile?

A Malbec
B Cabernet Franc
C Carménère

»Frau Sommelière, ich hab da mal 'ne Frage«

Wie finden Sie immer wieder neue Weine?

Das ist eine absolut berechtigte Frage, denn der Weinmarkt ist riesig und gute, neue Weine zu finden, ist, wie die Nadel im Heuhaufen zu suchen. Je älter ich werde, desto eingefahrener bin ich. Einige Winzer sind eine sichere Bank. Oder waren es jahrelang. Die Stilistik oder Handschrift hat mir mal gefallen, also kaufe ich jedes Jahr, obwohl die Weine durch die Klimabeschaffenheit völlig unterschiedlich sind. Aber die Handschrift bleibt gleich oder ähnlich. Bis die Kinder das Ruder übernehmen. Dann passiert das, was bei jedem Generationswechsel passiert. Es verändert sich. Manchmal zum Positiven, denn beim Wein gibt es auch verschiedene Trends, oder zum Negativen, also entweder bleibt der Wein oder er fliegt von der Karte.

Ein großer Vorteil ist, viel mit jungen Leuten zu arbeiten. Sie haben tolle neue Ideen, kennen Weine, von denen ich noch nie gehört habe. Das ist sehr spannend. Außerdem schaue ich oft bei Kollegen auf den Social-Media-Kanälen nach, was die so posten, denn bei dem einen oder anderen kann es nur gut sein.

Dann gibt es noch die Weinhändler, die mir gegebenenfalls Proben zukommen lassen, sodass ich Neues kennenlerne. Gute Händler wissen genau, was mein Geschmack ist.

Last, but not least sind es Weinzeitschriften, die immer wieder tolle Ideen präsentieren.

Tipp

Seien Sie nicht beratungsresistent! Lassen Sie sich auf neue Wege ein! Verkosten Sie sich durch und notieren Sie sich, was Ihnen schmeckt und was nicht. Ich persönlich mache Fotos von den Flaschen, denn früher hab ich alles aufgeschrieben, in die Schublade geräumt und drei Jahre später weggeschmissen. Heutzutage sind die Fotos in meiner Cloud und ich habe immer und überall Zugriff darauf.

*Wein*EINKAUF

Ich geh dann mal shoppen ...

Was ist der Unterschied zwischen einkaufen und shoppen? Einkaufen ist ein wiederkehrendes, wöchentliches Ritual. Man rennt blind durch »seinen« Einkaufsladen, geht von Regal zu Regal und lädt ebenso blind die nötigen Waren in den Einkaufswagen. Kurze Irritationen kommen durch das Umräumen der Regale auf, wenn man »seine« Produkte erst wieder suchen muss.

Der meiste Wein wird im Supermarkt gekauft, mehr Freude macht der Weinkauf allerdings im Fachhandel.

Shoppen gehe ich eher selten. Dafür möchte ich mir Zeit nehmen, mich beraten lassen und ein Erfolgserlebnis haben. Am liebsten ist es mir, wenn mich der Verkäufer lobt, wenn ich ein tolles Kleidungsstück oder Produkt zur Kasse trage. »Das steht Ihnen aber besonders gut«, »Mensch, tolle Wahl«, »Das sind mega Schuhe!« ...

Die größte Freude haben Sie, wenn Sie auf die gleiche Art Wein shoppen. Lassen Sie sich beraten und nehmen Sie sich Zeit, lassen Sie die Flasche Wein nicht nur als passendes Beiwerk in Ihren Einkaufswagen gleiten. Feiern Sie die Flasche Sauvignon aus Frankreich, die Flasche Malbec aus Argentinien oder den Riesling aus Deutschland. Gehen Sie in einen Weinladen und lassen Sie sich beraten. Der Verkäufer wird mit Ihnen ein Fest feiern, wenn Sie etwas kaufen. »Tolle Wahl«, »Das wird Ihnen schmecken«, »Ich bin gespannt auf Ihr Urteil«, »Sie werden ihn lieben!« ... Denn die meisten Verkäufer in Weinläden sind emotional mit ihren Produkten verbunden.

Im Fachhandel wird man meist gut beraten und bekommt persönliche Empfehlungen. Auch hier gibt es Weine zu erschwinglichen Preisen.

Es lohnt sich übrigens auch sehr, direkt zu den Winzern zu fahren. Machen Sie am besten einen Termin, damit man sich Zeit für Sie nimmt. Das ist eine extrem emotionale Bindung zu einem Wein, kein anonymes Getränk im Glas.

Wenn man beim Winzer direkt kauft, bekommt man oft einen guten Preis. Außerdem lernt man das Weingut kennen und kann vor Ort verkosten.

Wie soll man einen guten von einem sehr guten Winzer unterscheiden?

Sie haben jetzt mindestens fünf Möglichkeiten:
1. Nehmen Sie Ihr Smartphone und schauen Sie bei bekannten Sommeliers auf die Website oder in ihr Instagram-Profil. Dort wird das Beste vom Besten, das Interessanteste vom Interessantesten und das Neueste vom Neuen gepostet.

2. Schauen Sie sich online Weinkarten von sehr guten Restaurants an. Notieren Sie sich die Namen der Weingüter, in deren Region Sie gerade sind, und versuchen Sie, dort einen Termin zu machen. Die Telefonnummern und Mailadressen werden Sie im Internet auf den Websites finden.

3. Gehen Sie essen und fragen Sie das Servicepersonal, zu welchem Winzer Sie unbedingt fahren sollten, und machen Sie einen Termin.

4. Fahren Sie eine sogenannte Weinstraße entlang und halten Sie Ausschau nach einem Weingut, das einen guten Eindruck macht.

5. Haben Sie ein Weinmagazin zur Hand? Oder ein Feinkostmagazin? Auch dort werden Sie Inspiration und Tipps finden.

Zeitschriften, Onlineportale, Social Media oder Empfehlungen von Händlern helfen, die richtigen Weine zu finden.

Beim Onlineshopping geht es nicht ganz so emotional zu wie beim »Face to Face«-Shopping, aber man bekommt ein Paket und freut sich, wenn es ankommt, man es öffnet, die Flaschen liebevoll in den Kühlschrank geräumt hat und auf ein gutes Zeitfenster wartet, wann man den Wein verkosten soll. Es gibt etliche gute Seiten, auf denen extrem viel guter Wein angeboten wird. Auch Winzer selbst haben oft einen Shop auf ihrer Website.

Jetzt ist natürlich guter Rat teuer: Was soll man für einen Wein einpacken? Direkt ein »Sixpack« oder eher ein »Verkostungskit«?

Kommt drauf an, wo man ist. Wenn Sie in einem Fachhandel sind, haben Sie gegebenenfalls die Chance, Weine zu verkosten, beim Winzer ebenso. Im Supermarkt oder beim Onlineshopping ist dies nicht möglich. Eine kleine Auswahl von verschiedenen Weinen ist perfekt, um sie gemütlich zu Hause mit Freunden oder Ihrem Lebenspartner zu verkosten. Am besten macht man mehrere Flaschen auf und probiert sie »gegeneinander«.

Der erste Wein ist der sogenannte »Pegelwein« – kommt nicht von »Pegel halten«, sondern von »einpegeln«, das heißt, man orientiert sich mit allen anderen folgenden Weinen an diesem einen Pegelwein. Er gibt ein Maß vor. Wer hat mehr Säure, wer weniger, wer hat mehr Frucht, wer ist eventuell süßer? So kann man gut feststellen, was man mag oder eben auch nicht.

»Frau Sommelière, ich hab da mal 'ne Frage«

Warum hat der Wein einen Drehverschluss?

Seit etwa 2000 sind die sogenannten Alternativverschlüsse auf dem Vormarsch. Es gibt Glasverschlüsse, Drehverschlüsse oder Plastikverschlüsse. Ich möchte den Drehverschluss hervorheben, da er sich sehr gut etabliert hat. Früher war der Drehverschluss lediglich auf Literware, später auf den einfachen Weinen eines Weinguts zu finden. Heutzutage findet man ihn in einer sehr hochwertigen Form (zum Beispiel Stelvin-Verschluss) auch auf den Topgewächsen. Meistens haben sich Weingüter im Laufe der Jahre für eine Verschlussvariante entschieden und arbeiten ausschließlich damit. Warum eigentlich?

Es ist doch ein tolles Ritual, die Kapsel vorsichtig aufzuschneiden, die Spindel mit viel Gefühl in den Korken zu stechen, das vorsichtige Herausziehen des Korkens, der Probierschluck und das leichte Aufatmen, wenn der Wein nicht korkt ...

Leider hatten um die Jahrtausendwende sehr viele Weine einen Fehler durch TCA (Trichloranisol), also Kork. Niemand wünscht sich einen korkigen Wein. Drehverschlüsse sind nicht minderer Qualität, sondern eine bewusste Entscheidung des Winzers. Die Weine reifen langsamer unter dem Drehverschluss als unter Kork, denn es findet weniger Luftaustausch statt.

Verschiedene Verschlüsse

Ganz früher wurde Wein in Amphoren transportiert. Diese wurden mit Korkstopfen verschlossen. Es wurde aber auch mit Holzstopfen gearbeitet, in Öl getaucht und mit Hanf umwickelt. Später wurden Weine in Fässern fassweise versendet, transportiert und gelagert. Allerdings stellte man auch da schon fest, dass die Qualität des Weines deutlich nachließ, je mehr Wein man aus dem Fass entnahm; der Wein oxidierte vor sich hin. Dann kam der Durchbruch mit Flaschen. Die Flaschen waren allerdings noch sehr fragil und nicht wirklich für den Transport geeignet. Ab Ende des 19. Jahrhunderts begann man, Korken im großen Stil herzustellen. Viele Jahre gab es keine Alternative zu den Korken.

Es gibt verschiedene Qualitäten an Naturkorken, deren Preise divers variieren. Ein sehr hochwertiger Korken kann schon einige Euros kosten, das schlägt sich natürlich auf den Weinpreis nieder. Ein anderer Nachteil ist, dass

Naturkork arbeitet. Wenn ein Wein mit Naturkork stehend gelagert wird, sodass der Wein den Korken nicht feucht halten kann, schrumpft dieser, Luft kann in die Flasche treten und der Wein oxidieren. Wenn ein Wein sehr alt ist, kann es sein, dass der Korken bei korrekter Lagerung durchgenässt ist, der Wein tropft klebrig langsam heraus, der Füllstand der Flasche ist nicht mehr perfekt und so kann auch der Wein oxidieren.

Je schlechter eine Korkqualität ist, desto kürzer kann der Wein gelagert werden.

Aber wie schon beschrieben ist das nicht der einzige Nachteil beim Naturkork. Es gibt noch den Korkfehler, der bei circa zwei bis zehn Prozent der Weine vorkommt. Gott segne da den Alternativverschluss!

Drehverschlüsse sind heutzutage salonfähig. Glasverschlüsse findet man hauptsächlich in Österreich. Sie haben einen dünnen Silikonring, der die Flasche abdichtet. Sie sind mega zum Aufbewahren, denn sie passen auf viele andere Flaschen. Sollten Sie einen Pilzkorken auf einem Wein haben oder sind diese öfter auf Sherry oder Portwein zu finden, dann sind die Weine für den direkten Verbrauch und nicht zum Lagern gedacht. Der obere Teil besteht aus Holz oder Plastik und der untere Teil ist aus geschreddertem Korken.

Kronkorken findet man eher selten auf Weinflaschen. Sie werden manchmal bei Schaumweinen verwendet, aber meistens eher bei sogenannten Pet Nats (auch: Pètillant Naturel) – Schaumweine, die nicht von der Hefe befreit werden und noch trüb sind.

Champagnerkorken beziehungsweise Sektkorken zählen ebenfalls zu den sogenannten Pilzkorken. Sie werden aus geschredderten Korken hergestellt und haben ein bis zwei Scheiben Naturkork am unteren Ende, der mit dem Schaumwein in Berührung kommt. Je älter der Wein ist und je länger der Korken in der Flasche steckt, desto weniger geht der Korken nach dem Öffnen wieder auseinander. Alte Schaumweine erkennt man an den verschrumpelten und zusammengedrückten Korken.

Presskorken werden aus geschredderten Korken hergestellt, die mit verschiedenen Klebern zusammengepresst werden. Diese Weine sind nicht zum Lagern gedacht, da die Weichmacher, die im Presskorken sind, in den Wein übergehen und den Geschmack beeinträchtigen können.

Diam nennt sich eine besondere Art von Presskorken bei Wein, der zum Lagern gedacht ist, und auch sehr teuer in der Anschaffung ist.

Die zerkleinerte, gewaschene und gereifte Naturkorkrinde wird mit einem besonderen Verfahren, der Bearbeitung mit superkritischem Kohlenstoffdioxid (CO_2), angereichert. So nimmt man alle sensorisch beeinflussenden Stoffe aus dem Kork. Dieser wird dann gepresst, erhitzt und geschliffen, bevor er auf die Flasche kommt.

Plastikkorken findet man immer wieder mal. Früher in vielen bunten Farben, heute sind sie in der Optik einem Naturkorken nachempfunden. Definitiv nicht zur Reifung der Weine gedacht.

Glasverschluss, Stelvin-Drehverschluss, Pilzkorken, Presskorken, Naturkorken

IM RESTAURANT – Geheimnis Weinkarte

Aufbau einer klassischen Weinkarte:
1. Das Grundgerüst von Weinkarten ist meistens nach Farben aufgebaut: Schaumwein, Weiß, Rosé, Rot, Süßwein.

2. Innerhalb einer Kategorie findet man meistens eine Auflistung nach Ländern. Meistens steht Deutschland vorn, dann folgen die anderen Länder.

3. Innerhalb eines Landes ist die Karte in der Regel nach Anbaugebieten aufgeteilt, also Pfalz, Rheingau, Rheinhessen etc.

4. Dann folgen die Winzer, die Weinlagen, Rebsorten und die Jahrgänge.

Natürlich gibt es auch andere Weinkarten, die zum Beispiel nach Rebsorten sortiert sind.

Meine Weinkarte im Söl'ring Hof ist eine App, die extra für uns geschrieben wurde. Man kann verschiedene Filter eingeben, wie zum Beispiel Rebsorte, Land, Rotwein etc., dann filtert die Karte die Weine für Sie raus. Jeder Wein (oder fast jeder Wein) hat eine Hintergrundbeschreibung von mir bekommen, entweder eine Verkostungsnotiz, die Expertise vom Weingut oder die Geschichte der Böden und Besonderheiten des Weingartens.

Im Restaurant mit Freunden

Was für ein schöner Abend. Sie sitzen mit Freunden gemütlich in einem Restaurant. Sie haben heute frei und können morgen früh ausschlafen. Die Aperitifempfehlung des Kellners war super. Ein kühles Glas Champagner. Sie lieben Champagner. Ihre Freunde haben noch weniger Ahnung vom Wein als Sie selbst. So kommt es, wie es kommen musste: Ihnen wird die riesige Weinkarte in die Hand gedrückt, da Sie der »Weinkenner« sind. Verdammt. Sie würden den ganzen Abend auch einfach beim Champagner bleiben, aber Ihre Freunde würden gerne Wein trinken und Sie laden ein. »Eine Flasche Weiß und eine Rot schaffen wir schon.« Ihre Freunde nicken sich zu und schauen Sie erwartungsvoll an. Was nun? Wie sollen Sie die richtigen Weine für alle drei Geschmäcker aus dieser riesigen Bibel finden?

Die erste Frage, die Sie in die Runde schmeißen: »In welches Land möchtet Ihr für den Weißwein gehen? Lieber Deutschland, Frankreich oder Österreich?« Die zweite: »Soll der Wein kräftig und füllig sein oder eher fruchtig und leicht?«

Sie haben jetzt schon mal ein paar Anhaltspunkte, je nach Aussage beschäftigen Sie sich nicht mehr mit der ganzen Karte, sondern erst mal nur mit zum Beispiel Frankreich.

Leicht und fruchtig aus Frankreich? Suchen Sie etwas von der Loire, Sancerre oder Pouilly-Fumé (beides Sauvignon Blanc).

Füllig und kräftig aus Österreich? Schauen Sie nach Chardonnay aus Wien oder Grünem Veltliner Smaragd aus der Wachau.

Sollte die Reise eher nach Deutschland gehen? Und die Entscheidung ist für kräftig und füllig ausgefallen? Schauen Sie nach einem gereiften Riesling, am besten einem Großen Gewächs aus der Pfalz oder Rheinhessen. Wird Ihre Freundin direkt grün im Gesicht bei dem Wort »Riesling«? Dann gehen Sie in das Anbaugebiet der Burgundersorten: Baden.

Suchen Sie dort nach einem Großen Gewächs Grauburgunder oder Weißburgunder. Fragen Sie den Sommelier oder Kellner, ob der Wein im Holz ausgebaut wurde.

Wenn es eher ein leichter, fruchtiger Wein aus Deutschland werden sollte, gehen Sie an die Nahe oder an die Mosel. Bei der Mosel achten Sie darauf, dass der Wein trocken ist, wenn trocken gewünscht ist.

Wissen Sie noch, wie das funktioniert? Checken Sie das Etikett, ob das Wort »trocken« draufsteht, oder schauen Sie auf den Alkoholgehalt. Wenn der Wein um die 11,5 oder 12 Volumenprozent hat, wird er vermutlich trocken sein.

Beim Rotwein fragen Sie Ihre Freunde: »Soll der Rotwein kräftig oder eher leicht sein?«

Das ist jetzt viel einfacher. Wählen Sie als leichten Rotwein einen Spätburgunder oder Pinot Noir aus. Sie wissen noch? Burgund Rot ist immer Pinot Noir (Achtung, kann teuer werden).

Einen kräftigen Rotwein nehmen Sie etwa aus Spanien, vielleicht einen Rioja (Tempranillo), einen portugiesischen Rotwein aus dem Dourotal oder vielleicht einen Cabernet Sauvignon aus Kalifornien.

Wenn Sie keine Lust mehr haben, dann bitten Sie den Sommelier: »Können Sie uns bitte einen kräftigen Rotwein raussuchen, gerne Spanien oder Kalifornien, so um die 100 Euro.« Dann haben Sie die Rotweinfrage geklärt und können, nachdem Sie Ihr Wissen beim Weißwein unter Beweis gestellt haben, den Abend gemütlich genießen.

Hört sich eigentlich ganz einfach an, oder?

Im Restaurant mit Geschäftspartnern

Andere Situation: Sie laden zum Geschäftsessen ein. Ein sehr wichtiger Kunde. Glauben Sie mir, die Wahl des Weines ist von Bedeutung. Wein ist ein Kulturgut, Sie wissen nicht, ob Ihr Kunde Ahnung davon hat oder nur halbtrockenen Dornfelder trinkt. Aber wenn er Ahnung hat, wird er Ihre Weinwahl sehr deutlich beäugen und eindeutig bewerten.

»Frau Sommelière, ich hab da mal 'ne Frage«

Welcher Wein passt zu allen acht Gängen?

Manchmal möchte man einfach keine acht verschiedenen Weine zum Menü nehmen. Entweder man verträgt es nicht, oder es ist einem einfach zu viel.

Man möchte einen Wein haben, der genauso gut zum rohen Kaisergranat passt wie zu dem geschmorten Lamm im Hauptgang. Also eine Eier legende Wollmilchsau … Doch: Die gibt es nicht.

Es hat einen Grund, warum es acht Weine zu acht Gängen gibt.

Sagen Sie doch lieber, auf was Sie Lust haben – Rot, Weiß, Rosé …

Nehmen Sie am besten eine Flasche Weißwein und zum Hauptgang ein Glas Rotwein aus der Weinbegleitung, so können Sie sich die Menge besser einteilen.

Alternative zur Weinbegleitung? Eine Flasche Weißwein und ein Glas Rotwein zum Hauptgang

Sie haben verschiedene Möglichkeiten:

1. Wenn Sie den Tisch reservieren, sprechen Sie mit dem Sommelier. Sie möchten schon mal die Getränke besprechen. Zum Start entweder ein Glas weißen Champagner oder ein Bier. Bier kommt immer gut, aber bitte in der Kombination anbieten, sonst wirkt es, als wollten Sie kein Geld ausgeben. Als Weißwein bitten Sie den Kellner, einen weißen Burgunder (Puligny Montrachet oder Meursault) vorzubereiten. Der Rotwein sollte aus dem Bordeaux kommen und sich im mittleren Preisgefüge befinden (circa 150 bis 200 Euro), nicht zu jung, aber auch nicht zu alt. Wenn Sie mit Ihren Geschäftspartnern beim Aperitif sind, wird der Sommelier Ihnen die beiden Weine präsentieren, Sie nicken diese ab, verkosten die Weine und fragen den Sommelier, ob er den Roten dekantieren würde oder lieber so lassen möchte.

2. Fragen Sie am Tisch, welche Richtung denn gerne getrunken wird. Eher Burgund oder Große Gewächse aus Deutschland? Schauen Sie in die Weinkarte. Je nach Antwort suchen Sie sich zwei Weine aus, die Ihrem Preissegment entsprechen. Ist die Wahl auf Deutschland gefallen, suchen Sie sich zwei Rieslinge GG aus. Nicht zu jung und nicht zu alt, zum Beispiel einen aus Rheinhessen und einen von der Nahe. Ist die Wahl auf das Burgund gefallen, schauen Sie nach einem Premier Cru aus Chassagne, Puligny oder Meursault. Keinen Grand Cru. Das wäre zu hochgestochen. Fragen Sie den Sommelier, welchen von beiden er empfehlen würde. Wenn kein Sommelier da ist, fragen Sie in der Runde, was Ihr Gast lieber mag. Den einen oder den anderen?

3. Stellen Sie fest, dass Sie mehr über Wein wissen als Ihr Geschäftspartner und er am liebsten Grauburgunder trinkt, dann machen Sie es ihm nicht zu kompliziert. Bestellen Sie einen Grauburgunder oder einen Grünen Veltliner aus Österreich. Das bedeutet meistens in der Übersetzung: Er mag nicht so gerne Wein mit Säure und wird Ihnen dankbar sein, wenn Sie aus der Weinauswahl kein großes Aufheben machen.

»Frau Sommelière, ich hab da mal 'ne Frage«

Warum dekantieren Sie Weißwein?

Manche Weißweine brauchen etwas Luft, das ist wie ein kleiner Turbo, der den Wein schneller auf den optimalen Trinkpunkt bringt. Die meisten Weine, die ich dekantiere, sind entweder recht jung, haben gerade eine etwas verschlossene Phase oder sind sehr reduktiv ausgebaut. Das korrekte Wort wäre übrigens »karaffieren«, also man belüftet den Wein. Beim Dekantieren von Rotwein trennt man ganz vorsichtig den Bodensatz vom Wein, damit dieser nicht mit in das Glas gelangt.

Dekantieren

Karaffieren

Wissenswertes

»Frau Sommelière, ich hab da mal 'ne Frage«

Wie bekommt man in kurzer Zeit viel Luft in den Wein? Und warum macht man das?

Um einen Wein schneller »öffnen« zu können. Die Sauerstoffmoleküle binden sich schneller an den Wein und er ist somit »offener« oder zeigt mehr von sich.

Tipp für zu Hause
Wenn Ihnen der Wein zu »geschlossen« vorkommt, karaffieren Sie ihn doppelt. Also in eine Karaffe und in die Flasche zurück. So bekommt der Wein doppelt Luft und präsentiert seine Aromen eher.

»Frau Sommelière, ich hab da mal 'ne Frage«

Frau Sommelière, eine Frage habe ich noch: Wie lange hält sich der Wein in der Flasche, wenn sie offen ist?

Ich hoffe, nicht so lange ;-)

Luft und Licht sind der größte Feind des Weins. Beim Weißwein verfliegt der Duft, wenn er zu lange offen ist, Rotwein schmeckt irgendwann nach Maggi oder Liebstöckel.

Tipp
Stellen Sie die Weine, egal ob Rot oder Weiß, in den Kühlschrank. Dann sind sie etwas länger haltbar.

»Frau Sommelière, ich hab da mal 'ne Frage«

Welches Glas für welchen Wein?

Die Form der Gläser entscheidet darüber, wie sich der optimale Geschmack und das perfekte Aroma entwickeln. Ein bauchiges Glas – ein Burgunderglas, das viele als Rotweinglas verstehen –, hat eine große Oberfläche, sodass die Aromen einen intensiveren Duft entwickeln können. Durch das Schwenken des Glases vergrößert sich die Oberfläche nochmals und man erhält einen deutlicheren Duft. Solche Gläser sind für Weißweine und Rotweine, die im Holz ausgebaut wurden, sehr gut.

Tipp

In 80 Prozent der Fälle lässt die Flaschenform auf die Glaswahl Rückschlüsse ziehen. Wie das Burgunderglas schon vermuten lässt, passt besonders gut Burgunder hinein.

»Burgund ist rund« Also: Burgunderflasche – Burgunderglas.

Bordeauxgläser sind schmaler, aber höher. Sie haben einen »höheren Kamin«, so gelangen die Duftstoffe gesammelter zur Nase und der Weg ist etwas weiter. Zu diesen Gläsern passen Weine aus dem Bordeaux (wie der Name schon sagt) und kräftige Rieslinge aus Österreich oder Deutschland, zum Beispiel GGs (VDP Großes Gewächs).

Hier kann man bei Rotweinen den Flaschentrick anwenden: Bordeauxflaschen sind hoch und schmal, genauso wie die Gläser. Somit erübrigt sich das Raten bei der Glaswahl.

Schmale Weißweingläser sind am besten für junge, frische, leichte Weißweine geeignet. Aber auch für frische, junge Roséweine sind sie perfekt.

Und dann noch das Universalglas ...

Das hat nicht jede Glasfirma. Ein Glas, welches mit den meisten Weinen spielen kann und sie am besten präsentiert (Beispiel: Zalto, Gabriel oder Josephinenhütte).

Bei einem Tasting sollte man für alle Weine ein Universalglas nutzen, damit alle Weine die gleichen Bedingungen haben.

Na?
ALLES BEHALTEN?

Kleiner Test Wissenswertes

1. Warum wird ein Weißwein karaffiert?

A Um den Wein zu wärmen
B Um den Wein schneller zu »öffnen«
C Show

2. Was ist ein Orange-Wein?

A Eine Art Roséwein
B Ein biodynamisch erzeugter Wein
C Trauben, die länger auf der Maische liegen

3. Was ist ein Barrique?

A Ein Eichenholzfass von 400 Liter Inhalt
B Ein Eichenholzfass von 225 Liter Inhalt
C Ein Eichenholzfass von 125 Liter Inhalt

4. Maggi-Aroma kommt durch …

A Oxidation
B Licht
C Kühlschrank

5. Wie frappiert man einen Wein?

A Mit Eis und Wasser
B Mit Salz und Eis
C Mit Salz, Wasser und Eis

6. Was ist eine perfekte Serviertemperatur für Rotwein?

A Zimmertemperatur
B 16 bis 18 Grad Celsius
C 4 bis 16 Grad Celsius

7. Warum schwenkt man sein Weinglas im Kreis, bevor man hineinschnuppert?

A Um die Oberfläche zu vergrößern
B Um Luft in den Wein zu bekommen
C Ein lieb gewonnenes Ritual

8. Wie stellen Sie fest, ob der Rotwein dekantiert werden sollte, wenn Sie den Wein nicht kennen und keine Ahnung haben?

A Alle Rotweine können dekantiert werden
B Fragen Sie den Sommelier
C Nur alte Rotweine sollten dekantiert werden

9. Was ist ein Stelvin-Verschluss?

A Ein Glasverschluss
B Ein Drehverschluss
C Ein Diam-Korken

10. Wie halten Weine länger, wenn sie geöffnet sind?

A Kühl und dunkel lagern
B Warm und hell stellen
C Zimmerwarm und dunkel aufbewahren

WEIN*pairing*

Wie funktioniert das eigentlich?

»Schatz, welchen Wein soll ich zum Essen aufmachen?«
»Das, was passt.«
»Und was passt?«
»…«

Und zack, da ist schon der teure Bordeaux aufgetupft, bevor der Fisch geangelt ist. Vom Prinzip her ist das nicht schlimm, denn im Gegensatz zu früher ist erlaubt, worauf man Bock hat. Also Bordeaux zu Austern, Schilcher zur eingelegten Gurke.

Ich koche zu Hause nicht zum Wein oder suche Wein zum Essen aus, meistens zumindest, aber ich greife vermutlich intuitiv zur richtigen Flasche – und das ist immer die, die uns schmeckt.

Wenn ich arbeite, dann ist es allerdings ein Muss, zu jedem Gang den passenden Wein zu haben. Das ist wie Kochen im Mund: Man gibt eine Zutat zu dem Gericht hinzu – Säure, Zucker, Aromen, Mineralität und Alkohol.

Im Restaurant bieten wir immer eine Weinbegleitung zu dem Menü an. Das bedeutet im Vorweg, viele Proben zu verkosten von den Speisen, und das ist nicht so romantisch, wie Sie sich das gerade vorstellen, sondern immer zwischen Tür und Angel. Ich sitze im Büro und muss noch eben schnell die Karten schreiben, da kommt plötzlich eine Probe dazwischen.

Ein erfahrener Sommelier kennt seine Weine, die Aromen und die Küche. Es ist ein Leichtes, zu kombinieren. Die Weine sind wie in einem Almanach im Kopf hinterlegt, was Geschmack und Duft angeht. Dabei ist zu beachten, dass bestimmte Attribute ähnlich sind und sich gegenseitig verstärken können. Alkohol, Fett und Süße haben harmonische und runde Eigenschaften. Säure, Salzigkeit, Mineralität und Schärfe sind eher spitz. All diese Attribute kann man sowohl im Wein als auch in den Speisen wiederfinden.

Eine Weinbegleitung ist wie eine Oper, es gibt ruhige Akte, aufbrausende, schräge oder in Moll gehaltene, aber am Ende muss sich alles wieder in Wohlgefallen auflösen, der letzte Ton muss rund und harmonisch sein.

Spitze Attribute: Schärfe, Mineralität/Salz, Säure

Runde Attribute: Alkohol, Süße, Fett

Auf geht's!

Um optimal kombinieren zu können, muss man sich vorab überlegen, ob man eher eine harmonische Kombination bevorzugt oder eher eine Herausforderung sucht. Harmonisch wäre, wenn man die runden Attribute verstärkt – ein Gericht mit vielen Kohlenhydraten (Zucker) und Fett, beispielsweise Crème brûlée, mit einem Süßwein verstärkt, der viel Restzucker hat.

Eine andere »harmonische« Kombination wäre ein **alkoholstarker** Rotwein mit wenig Gerbstoffen zu einem Schmorbraten, der viel **Fett** und Butter enthält.

Wenn man hingegen die spitzen Attribute verstärkt, dann erhält man den »Kick«. Je mehr »spitze« Anteile man zu dem Gericht gibt, desto mehr wird dies auch betont. Einen **säurereichen** Wein mit einem **säurereichen** Essen zu kombinieren, ist gewagt. Doch wenn der Wein etwas **Restzucker** hat, kann es sehr gut sein, dass der Zucker als Puffer zwischen den beiden Säuretypen fungiert. Wenn der Wein trocken wäre, würde er lediglich die Säure verstärken und alles würde sauer schmecken. Also keine so gute Idee.

Was verrät uns das? Wir brauchen einen sogenannten Puffer oder einen »Emulgator«, also ein Attribut, das die Kombination von Speise und Wein ins Gleichgewicht bringt, das heißt miteinander verbindet.

Eine Speise, die Butter oder Sahne enthält, bringt den Faktor »Fett« mit. Damit das Gericht nicht zu breit oder eintönig wird, könnte man mit Säure im Wein oder mit Gerbstoffen arbeiten. Die Säure macht das Fett interessant und das Fett macht den Gerbstoff weich. Beispiel: Bei einer Seezunge, die in Butter gebraten ist, reicht man ganz klassisch Zitrone. Warum? Um etwas Säure mit ins Spiel zu bringen. Die Zitrone könnte man durch einen knackigen Riesling ersetzen, denn der bringt eben auch Säure ans Gericht. Ein Rehrücken wird mit Preiselbeeren und Birne angerichtet. Preiselbeeren haben Gerbstoffe. Ersetzt man die Preiselbeeren durch einen Cabernet Sauvignon, der deutliche Gerbstoffe hat, werden die Gerbstoffe weich und das Fruchtige vom Wein kommt besser ins Spiel.

Also zusammenfassend: Spielen Sie mit den spitzen und runden Attributen von Speise und Wein, denken Sie an die klassischen Zutaten eines Gerichts und ersetzen Sie diese durch den Wein.

Da ein Gericht oder ein Wein nicht nur aus Geschmäckern oder Mundgefühlen besteht, kommen nun die Aromen ins Boot. Ein fruchtiger Wein wird zu einem fruchtigen Gericht passen, ein vegetabiler Wein zu Gemüse. Okay. Aber das kann man spannender gestalten. Wenn Sie kochen, womit würden Sie das Gericht würzen? Rosmarin? Soll ein Gericht Röstaromen enthalten? Kommt Peperoni hinzu? Zimt? Alternativ könnte man Lamm mit einem Wein kombinieren, der nach Rosmarin duftet, also vegetabil. Oder wenn man ein Gericht mit viel Röstaromen gekocht hat, könnte man einen Wein wählen, der fruchtig ist, wie zum Beispiel einen Weißburgunder oder Chardonnay.

Diese Weine werden oft in einem kleinen Holzfass ausgebaut, das Röstaromen mitbringt. Das passt dann wieder sehr gut zu den Rebsorten.

Als Faustregel kann man sich merken: Der Wein einer bestimmten Region passt zu den Speisen aus derselben Region. Schwäbische Maultaschen verbinden sich also gut mit schwäbischem Trollinger, Pasta mit Alba-Trüffel zu einem Barbera d'Alba.

Man kann auch Wein ableiten. Wenn man weiß, dass sich die Nudeln mit dem Alba-Trüffel gut mit Barbera vertragen, könnte man eine Rebsorte wählen, die ähnlich wie der Barbera schmeckt. Hummer geht sehr gut mit Sauvignon Blanc, da hat man schon mal ein ganzes Portfolio, das von Weinen von der Loire über Weine aus der Steiermark bis hin zu einem weißen Bordeaux reicht. Sie merken schon, man muss eine Menge verkostet haben, damit man weiß, welche Attribute ein Wein enthält und welche Kombinationen perfekt sind.

Saucen machen den Hauptanteil des Geschmacks beim Essen aus.

No-Gos:

- Scharfes Essen und Schaumwein – Kohlenstoffdioxid (CO_2) verstärkt nur die Schärfe.
- Rohes Eiweiß wie zum Beispiel Tatar oder Austern mit Gerbstoffen oder Säure – das rohe Eiweiß »gerinnt« und wird krisselig oder »gart« wie Ceviche.
- Säurereiche Gerichte mit säurereichen, trockenen Weinen oder salzige Gerichte mit mineralischen Weinen.

Das Allerbeste habe ich Ihnen allerdings noch nicht verraten: Kochen Sie um den Wein herum. Den Wein kann man nicht verändern, aber das Gericht. Hier kann man weniger Säure, mehr Salz, etwas Fett etc. hinzugeben oder weglassen. Probieren Sie es, es macht großen Spaß.

»Frau Sommelière, ich hab da mal 'ne Frage«

Wie finden Sie die Weine für die Weinbegleitung?

Das ist wie Kochen. Wie schon angedeutet, fügt man dem Gericht eine Zutat hinzu. Sei es Säure, Süße, Mineralität, Extrakt oder Gerbstoffe.

Bei uns funktioniert das so: Einer aus dem Küchenteam hat eine Idee, eine Kreation und kocht eine Probe. Die wird mit Kollegen und Jan-Philipp (JP) gemeinsam verkostet. Ist das Gericht etwas für den Söl'ring Hof? Hat es »unsere DNA«? Wenn nein, dann kommt es direkt wieder vom Tisch. Wenn ja, dann wird weitergebastelt, bis der Feinschliff vom Aroma stimmt. Dann kommt das Bild auf den Teller und Proportionen ins Spiel.

Ich steige bei verschiedenen Proben mit ein und verkoste die Gerichte mit. Völlig unromantisch zwischen Schreibtisch und Weinkeller. Weil JP und ich schon so lange zusammenarbeiten, braucht er mir manchmal nur ein paar Komponenten zuzurufen und dann weiß ich schon, was ich machen möchte. Gott sei Dank ist er auch weinaffin und verkostet mit. Ab und an stellt er die Gerichte mit mehr oder weniger Säure ein. Das ist nicht selbstverständlich, denn vielen Köchen ist es völlig egal, was der Sommelier zu den Gerichten ausschenkt.

Tipps

1. Nehmen Sie nicht überall die Weinbegleitung! Es kann sein, dass jemand den Abverkauf des Kellers macht oder keine Ahnung hat. Nur wenn Sie sicher sind, dass es bestimmt passen wird, lassen Sie sich auf alles ein!

2. Ordern Sie nicht die Weinbegleitung und bestellen alles um. Das ist Quatsch!

3. Eine spontane rote Weinbegleitung ist unmöglich, denn wie oben beschrieben, sind die Weine auf die Gerichte abgestimmt und manchmal passt eben kein Rotwein!

Na?
ALLES BEHALTEN?

Kleiner Test Weinpairing

1. Was sind runde Attribute in Wein und Speise?

A Fett, Säure, Süße
B Süße, Extrakt, Gerbstoff
C Fett, Süße, Alkohol

2. Was sind spitze Attribute in Wein und Speisen?

A Säure, Schärfe, Gerbstoff, Salz
B Säure, Schärfe, Alkohol
C Säure, Fett, Süße

3. No-Gos sind:

A Scharfes Essen mit Schaumwein
B Rehrücken mit Gerbstoff
C Scharfes Essen mit einem Kabinett

4. Hummer geht mit …

A … Trollinger
B … Sauvignon aus der Steiermark
C … Barbera d'Alba

5. Schwäbische Maultaschen passen sehr gut zu …

A … Barbera d'Alba aus dem Piemont
B … Sauvignon aus Neuseeland
C … Trollinger aus Württemberg

6. Röststoffe passen gut zu folgenden Weinen:

A Chardonnay und Weißburgunder
B Riesling
C Sauvignon Blanc

7. Ein Wein, der nach Rosmarin duftet, passt zu …

A … Hummer
B … Lamm
C … Seezunge

8. Ein harmonische Kombination wäre:

A Salat mit Riesling
B Austern mit Cabernet Sauvignon
C Crème brûlée mit Süßwein

9. Was ist der Puffer im Pairing »Seezunge ›Müllerin‹ mit Riesling«?

A Butter
B Säure
C Röststoffe

10. Wie findet man die perfekte Kombination?

A Erst das Gericht und dann den Wein
B Erst den Wein und dann das Gericht
C Was schmeckt

HIER EIN PAAR PERSÖNLICHE *Lieblinge*

Fischbrötchen, Fast Food

Tja, was soll ich dazu sagen. Es gibt nur eine Empfehlung, und das ist Champagner. Toben Sie sich aus. Das, was Sie am Essen gespart haben, investieren Sie in »das« Getränk Sylts. Diese Kombination ist keine Geschmacksfrage, sondern ein Lebensgefühl. Setzen Sie sich dazu in die Sonne und lassen Sie sich den Wind um die Nase wehen. Ich persönlich bevorzuge keine Cola Champagner (also Massenware), sondern individuelle Winzer-Champagner, am liebsten in Bio- oder biodynamischer Qualität, denn da habe ich ein gutes Gewissen beim Champagnertrinken und kein langweiliges Mainstream-Produkt. Außerdem schmeckt es mir einfach besser.

Anstelle des Fischbrötchens könnte man auch Pizza, Burger oder einen Döner wählen. Passt alles hervorragend.

Bismarckheringsbrötchen mit Lacourte Godbillon Rosé Champagner

Austernwein, Sylter Royal, Limfjord, Fines de Claire und wie sie alle heißen!

Im Söl'ring Hof bieten wir die Sylter-Royal-Auster an, da sie praktisch direkt vor unserer Tür lebt. Sie ist eine pazifische Felsenauster und kommt aus Irland als Setzling auf die Insel nach List zur Dittmeyer's Austern Compagnie. Dort werden sie in Drahtsäcken auf die Bänke ins Wattenmeer gelegt, wo sie zwei Jahre in der hohen Wasserqualität des Naturschutzgebietes Wattenmeer leben. Wir bekommen täglich Austern aus List geliefert und bieten sie als Auster nature, mariniert oder gebacken an.

Ich empfehle zu Austern gern Champagner, Chablis oder Muscadet – das sind einfach super Kombinationen. Meine persönliche Empfehlung zu Austern ist gereifter, restsüßer Riesling von der Mosel, der aber nicht zu süß sein darf. Oder ein mineralisches Gosebier ist auch hervorragend.

Ich mag Austern sehr gerne nature, wenn sie nicht zu groß sind, oder mit fein geschnittenem Apfel, Ingwer und Gurke als Marinade. Megalecker!

Sie schmecken aber auch zu außergewöhnlichen, kräftigen Bieren. Am besten ein Irish Stout, das schmeckt wie Pumpernickel und hat auch die gleiche Farbe.

DIM SUM
Asiatische Küche

Mein Mann und ich kochen sehr gerne zu Hause. Da wir beide keine Köche sind, ist unser gemeinsames Kochen eher ein Kochevent. Wir kaufen an unserem freien Tag gemeinsam die Zutaten für das Gericht, das wir kochen möchten. Welche das sind? Völlig unterschiedlich. Oft schauen wir auf Facebook oder Insta bestimmten Köchen zu, die Rezepte posten und lustige Videos machen. Das kochen wir dann einfach nach. Aber auch verschiedene Rezepte aus Gourmetzeitschriften sind, wenn sie nicht zu kompliziert sind, herzlich willkommen.

Es geht immer los mit einem Kochwein – die wichtigste Grundlage. Dazu laute Musik und ab geht es. Dim Sums beziehungsweise Gyozas (japanische Maultaschen) landen bei uns regelmäßig auf dem Teller und sind einfach zu machen. Das Einzige, was man braucht, ist etwas Zeit.

Gyozas à la Bibi & Nono

Man kann den Teig selber machen. Das dauert allerdings dann noch mal ein paar Stunden länger. Wir sind etwas fauler und kaufen uns den Dim-Sum-Teig in tiefgefrorenen Blättern.

Zutaten

- 100 g Chinakohl
- Sesamöl
- 150 g Garnelen
- 300 g Schweinehack
- 1 Stück Ingwer
- 1 Chilischote
- 1 EL Sojasauce
- etwas Salz
- 1 Packung TK-Gyoza-Teigblätter

Dip

- 6 EL Sojasauce
- 3 EL Reisessig
- 1 TL Chilisauce oder Chiliöl
- etwas Sesamöl

- Die Rippe des Chinakohls entfernen und die weichen Blätter in etwas Sesamöl anrösten. Die Garnelen zerkleinern, mit dem rohen Schweinehack, Ingwer, Chili, Chinakohl und Sojasauce eine Farce herstellen. Mit Salz abschmecken. Befüllen Sie damit die Teigblätter. Man kann sie Blätter perfekt mit Wasser verkleben und einer kleinen Gabel andrücken.

- Braten Sie die Maultaschen in einer Pfanne von einer Seite, gießen Sie sie mit Wasser auf und schließen Sie die Pfanne mit einem Deckel. Kurz warten, fertig. Den Dip einfach aus den Zutaten zusammenrühren.

Was ich dazu trinke? Kabinett! Mit etwas Restsüße. Warum? Hier kommt Schärfe ins Spiel von der Peperoni und dem Ingwer. Das wird durch die Süße abgefangen.

Schinken-Käse-Kasserolle
NUDELN ODER FRESSKOMAKÜCHE

Ein Kindheitsrezept, das schnell geht und ein echtes Yummi-Gefühl hervorruft. Meine Tante hat meinem Cousin Roland (der übrigens dafür verantwortlich ist, dass ich Sommelière geworden bin, denn er hat mir die Ausbildung finanziert) und mir ab und an dieses Gericht gekocht. »Richtiges Soul Food«, würde man heute sagen. Ich überfresse mich regelmäßig daran.

Zutaten
- 1 Zwiebel
- 8 Scheiben gekochter Schinken, in Streifen geschnitten
- 2 Packungen Sahnekäse
- 1 Knoblauchzehe
- 250 g Erbsen
- 1 Packung Nudeln nach Wahl, zum Beispiel Spirelli

- Zwiebeln, gekochten Schinken anrösten. Sahnekäse hinzugeben und Knoblauch. Dazu Erbsen.

- Alles durchmengen und mit Nudeln vermengen. Fertig.

- Fresskoma ist vorprogrammiert.

Dazu trinke ich gerne einen »runden« Wein, obwohl wir hier nur »runde« Attribute haben (Fett und Kohlenhydrate). Ich würde einen fetten Chardonnay oder Weißburgunder im Barrique dazu wählen. Die Röstaromen vom Schinken passen hervorragend dazu. Man könnte aber auch mit einem säurereichen Wein arbeiten, der etwas Spitzigkeit in das Gericht bringt.

FISCH AUF DEN TISCH – *Meeresküche*

Meine Lieblingsfische sind Seezunge, Steinbutt, weißer Heilbutt und Kabeljau. Auf der Insel essen wir hauptsächlich Fisch in Restaurants. Zu Hause mache ich ihn eher selten. Diese Restaurants können Seezunge Müllerin Art gebraten mit brauner Butter, gedünsteten weißen Heilbutt oder eine große Steinbuttschnitte einfach besser zubereiten als ich zu Hause. Aber: Im Sommer backe ich manchmal mega Fischstäbchen!

Die jodhaltigen Noten vom Fisch passen perfekt zu einem trockenen Riesling, der allerdings schon Kraft haben muss, um mit den intensiven Komponenten mitzugehen. Wäre er zu leicht, würde er untergehen. Ein zu süßer Wein würde die runden Attribute verstärken und das Gericht noch kräftiger und fülliger gestalten. Außerdem hat man die süßen Komponenten von Erbse und Karotte mit dabei.

Zutaten für 2 Personen

- 500 g Kabeljau ohne Gräten, aber dicke Stücke
- 1 Ei
- Mehl
- Panko
- Salz, Pfeffer
- Butter
- Fett zum Ausbacken

- 4 Karotten
- 2 Schalotten
- ca. 250 g Erbsen (½ TK-Packung)
- 200 g Sahne (1 Becher)
- Salz
- Pfeffer
- Muskat

- Dafür benötigt man Kabeljaufilets (dicke Stücke). Diese einfach in Mehl wälzen, dann in verquirltem Ei (mit Salz und Pfeffer) und zu guter Letzt in Panko (asiatische Semmelbrösel) wälzen.

- Die panierten Stücke in viel Butter und Butterschmalz in der Pfanne anbraten.

- Dazu: Karotten und Erbsen à la Creme. Ein Gericht, das viele runde Komponenten hat: Butter, Kohlenhydrate, Sahne, Fett.

Ein Riesling GG aus dem Rheingau oder von der Nahe wäre gut. Aber auch Weine, die aus Küstenregionen kommen, passen hierzu hervorragend.

Herin
Clupea
Gefangen
105

Biike-Zeit ist Grünkohlzeit – deftige Küche

Sie kennen Biike nicht? Das macht nichts. Es ist ein traditionelles Fest Ende Februar auf den friesischen Inseln, vergleichbar mit dem Osterfeuer. Dazu wird klassisch Grünkohl gegessen. Ich glaube, so ziemlich jedes Restaurant auf Sylt bietet Grünkohl mit Kassler und Kohlwürstchen an. Das ist ein sehr herzhaftes und deftiges Gericht. Am besten passt hierzu: Bier! Aber nicht jeder mag Bier. Was also tun, wenn man am 21. Februar um 18 Uhr zur ersten Belegung im Restaurant sitzt, es ist kein Sommelier da, der eine gute Bieralternative aussuchen kann, und die Zeit drängt, denn alle anderen am Tisch möchten gerne mit Ihnen anstoßen!

Die Weinkarte ist dick und die offenen Weine gibt es in einer nur spärlichen Auswahl … Denken Sie an die Attribute in dem Gericht: Fett, Kohlenhydrate in den Kartoffeln und die Röststoffe. Etwas mit Kohlensäure passt – deswegen passt ein Bier wunderbar, Champagner übrigens auch. Wirklich. Durch das Kassler, das mit Pökelsalz bearbeitet wurde, kommen spitze Komponenten ins Spiel: Mineralität beziehungsweise Salz. Also keinen mineralischen Wein – ein solcher macht das Geschmackserlebnis nicht besser. Was wunderbar passt, ist ein Wein, der wie ein Bier schmeckt, nicht so viel Säure hat, keine Mineralität und gegen die vielen derben Komponenten mitgehen kann. Ein trüber Wein, der nicht filtriert wurde und noch Hefenoten aufweist, ist eine perfekte Alternative.

GLÜHWEIN
out of the Box

Ganz oft werde ich gefragt, was denn der beste Glühwein ist, den ich empfehlen kann. Meine Antwort: Es gibt keinen guten oder besten Glühwein! Ich kenne keinen Glühwein, für den man einen sehr guten Grundwein genommen hat, der ausgewogen ist, vom Winzer mit viel Liebe vinifiziert wurde, um ihn dann mit Gewürzen und Zucker zu versetzen!

Die Plörren, die man im Normalfall fertig kaufen kann, sind auf schlechter Weinbasis produziert. Aber hier kommt es wie so oft im Leben auf die Umgebung an. Man geht in weihnachtlicher Stimmung auf den Adventsmarkt, es ist kalt, die Hände in den Handschuhen frieren, und ab und an sieht man, passend zur Krakauer im alten Brötchen, einen Glühweinstand. Es tönt »Last Christmas« aus den Lautsprechern und die Stimmung der Gäste ist ausgelassen.

Da schmeckt der Glühwein auf einmal. Das liegt an dem Drumherum. Also keine Angst, ich möchte Ihnen nicht den Spaß verderben. Genießen Sie die Vorweihnachtszeit, es ist wunderbar. Aber wer gerne zu Hause einen Glühwein trinken möchte, sollte ihn besser selbst zubereiten. Das Rezept nennt sich »JDs Glühwein«.

2 Liter Rotwein (bitte nicht den teuersten, aber auch nicht den günstigsten; ich denke so zwischen 5 und 10 Euro sollte er schon kosten). Da der Wein die Basis ist, darf die Überlegung auch in folgende Richtung gehen: Eher leicht? Pinot Noir? Oder kräftig? Syrah? Wenn diese Frage geklärt ist, kommen hinzu:

Zutaten

- 0,75 l – 1 l Apfelsaft
- 2 Zimtstangen
- 1 Sternanis
- 0,5 l Portwein (Ruby)
- Saft von 3 Orangen und die Schalen der Orangen
- etwas Zitronensaft, je nachdem, wie viel Säure man noch im weinartigen Getränk haben möchte
- 80 g Zucker (dies ließe sich aber auch je nach Geschmack in die eine oder andere Richtung korrigieren)

Alles in einen Topf geben, es darf nur sieden, nicht kochen (!), sonst kocht man den Alkohol raus. Circa 20 Minuten auf kleiner Flamme ziehen lassen. Wer möchte, kann seinen Glühwein noch mit Rum pimpen.

AUFLÖSUNGEN *Tests*

Weinbau und Kellertechnik
1B / 2B / 3B / 4A / 5C / 6A / 7A / 8B / 9A / 10C

Sensorik
1C / 2A / 3C / 4B / 5A / 6C / 7B / 8B / 9C / 10A

Deutschland
1C / 2A / 3C / 4B / 5C / 6C / 7A / 8B / 9C / 10C

Frankreich
1C / 2C / 3B / 4A / 5B / 6C / 7C / 8B / 9A / 10 Sancerre & Loire, Sauternes & Bordeaux, Riesling & Elsass, Grand Cru & Burgund

Italien
1C / 2C / 3B / 4C / 5C / 6B / 7B / 8C / 9C / 10A

Spanien/Portugal
1A / 2C / 3C / 4B / 5C / 6C / 7C / 8C / 9C / 10C

Österreich
1C / 2C / 3B / 4C / 5A / 6A / 7C / 8C / 9B / 10A

Übersee
1B / 2C / 3C / 4C / 5A / 6B / 7C / 8C / 9A / 10C

Wissenswertes
1B / 2C / 3B / 4A / 5C / 6B / 7A / 8B / 9B / 10A

Pairing
1C / 2A / 3A / 4B / 5C / 6A / 7B / 8C / 9A / 10B

VOKABEL*heft*

Holz	Aromen von Butter, Vanille, Karamell, aber auch Süßholz, Holzfass, Eiche rustikal
fruchtig	ein Wein, dessen Duft an Früchte wie Apfel, Aprikose, Stachelbeere, Melone etc. erinnern lässt, trocken
Wonach riecht Kork?	nasse Pappe, Spanplatte, vergammelter Korken, muffig
Perlage	die aufsteigende Kohlensäure beim Schaum- oder Perlwein
vegetabil	Aromen erinnern an Kräuter, Blätter, Paprika, grüne Noten
duftig	intensiv duftende Rebsorten – Holunderblüte, Muskat, Rose, Multivitamin
rund	ein sehr ausgewogener Wein, dessen Attribute gut zusammenspielen
pelzig	Gerbstoffe im Mund trocknen die Schleimhaut aus
reduktiv	Weinausbau mit wenig Luftkontakt, erinnert an Feuerstein, Popcorn, Schießpulver, Pups
oxidativ	Weinausbau mit viel Luftkontakt, die Weine wirken fülliger und kräftiger
oxidiert	toter Wein – zu viel Luft; Rotwein schmeckt wie Maggi
leicht	wenig Alkohol, junger Wein
kräftig	viel Alkohol, viel Farbe, viel Holz
animalisch	Aromen von Eisen, Blut, Fell, Pferdeschweiß
Nachhall	Wie lange bleibt der Wein am Gaumen?
Wonach riecht ein Böckser?	nach verfaulten Eiern
Viskosität	die Flüssigkeit des Weins, seine Fließgeschwindigkeit

Bärbel Ring: Verkostung, Text und Zeichnungen

Antonia Wien: Korrektur, Idee, Kontakte – Anna Ploog: Fotos, Bildbearbeitung

DANKSAGUNG

Zunächst erst mal Danke an Antonia Wien und Lars Ammer, die dieses Buch erst möglich gemacht haben. Die Idee war schon vorher da, aber manchmal braucht man jemanden, der einem einen kleinen Schubs gibt und die richtigen Leute kennt. Die vielen Online-Tastings mit dir, liebe Antonia, waren großartig. Die Stunde hat immer sehr viel Spaß gemacht und die Blindverkostungen haben auch so wunderbar geklappt. Eine tolle Schülerin!

Dann möchte ich mich bei meinem sehr geduldigen Mann Norman Feldmann bedanken. Es ist nicht selbstverständlich, dass das Wohnzimmer permanent ein Büro ist und du mit einer Engelsgeduld meinen Laptop, Bücher, Stifte, Papiere, Zeitschriften, leere Kaffeetassen, Pinsel, dreckige Gläser von den Aquarellfarben und iPads zur Seite räumst, damit du auch einen Platz auf dem Sofa ergattern kannst. Vielen, vielen Dank für deine Geduld und Unterstützung. Ebenso fürs Zuhören, wenn ich dir zum zehnten Mal den gleichen Text vorgelesen habe, für deine stete Begeisterung, wenn ich dir immer wieder das gleiche Bild gezeigt habe. Danke, dass du da bist!

Johannes King darf an dieser Stelle nicht fehlen. Er ist derjenige, der mich im Weinkeller hat machen lassen. Sich einen eigenen Weinkeller aufzubauen, ist nicht so einfach und schon gar nicht selbstverständlich. Wer als Sommelier die Gelegenheit dazu hat, darf und sollte es als Privileg betrachten. Danke, Johannes, dass ich mit den Weinen spielen durfte. Du bist der Oberknallermentor!

Danke, Jan-Philipp Berner, für die Erfahrung, die du schon vorher mit dem Schreiben von Büchern gemacht hast, an der einen oder anderen Stelle hat es mich wirklich beruhigt. Aber auch als mein Verbündeter im Söl'ring Hof über so viele Jahre. Danke, dass du die Verantwortung trägst, die du für uns alle im Söl'ring Hof übernommen hast, damit wir so arbeiten können, wie wir uns das vorstellen.

Anna Ploog – was für mega Fotos! Die Zusammenarbeit mit uns war echt der Hammer. Danke, dass du meine Ideen immer auf den Punkt umgesetzt hast, so absurd sie auch manchmal waren, wie die Fischbrötchen-Geschichte. (Es ist ein echtes Bild, no Photoshop! Hat circa 'ne Stunde gedauert, bis eine Möwe »angebissen hat«, und es hat drei Fischbrötchen gekostet, da wir in der Zwischenzeit Hunger hatten. Auf den Seiten 182/183 gibt es einen Einblick in das Fotoshooting :-)

Danke auch an Erika und Karl-Heinz Ring, meine Eltern, die sich doch so was schon gedacht hatten, bevor mir der Gedanke kam. Außerdem, dass ihr mich auf die Waldorfschule geschickt habt, sodass ich an mein künstlerisches Talent glaube, was das Zeichnen und Malen angeht.

Danke an Roland Behmenburg, meinen Cousin, der mir die Sommelierausbildung finanziert hat, sonst wäre dieses Projekt vielleicht nicht entstanden, wer weiß?

Und last, but not least: Danke an mein Team, das sich genau wie alle anderen bestimmt 100-mal Bilder und Texte ansehen musste, was sie immer alle brav gemacht haben. Danke euch für eure tollen Weinideen, die ihr mitbringt. Diese neuen Impulse halten fit und mich am Puls der Weinzeit. Und vielen Dank ans Sommelierteam für das Glühweinrezept.

LITERATUREMPFEHLUNGEN

Jens Priewe »Wein die neue Welt«, 2001, Verlag Zabert Sandmann
Hugh Johnsons »Weingeschichte«, 2005, Hallwag
Janis Robinson »Das Oxford Weinlexikon«, 2007, Hallwag
Hugh Johnson & Janis Robinson »Der Weinatlas«, 2002, Hallwag
James E. Wilson »Terroir – der Schlüssel zu Wein« 1999, Hallwag
Christina Fischer & Ingo Swoboda »Riesling«, 2005, Hallwag
Jancis Robinson »Der Weinkurs«, 2003, Hallwag
Martin Darting »Sensorik für Praktiker und Genießer«, 2009, Eugen Ulmer Verlag
Dagmar Ehrlich »Rebsorten ABC«, 2011, Hallwag
Aldo Sohm, Christine Muhlke, »Einfach Wein«, 2020, Prestel
Madeline Puckette, Justin Hammack »Der Master-Wein-Guide«,2019, Heyne
Louisa Maria Schmidt »Das Weinbuch – ohne Blabla«, 2023, dtv
Willi Schlögl, Sebastian »Curly« Moser »Anleitung zum Weinsaufen«, 2023, Südwest
Sommelier Unterlagen IHK 2008

Österreichwein: www.oesterreichwein.at
Deutsches Weininstitut: www.deutscheweine.de
VDP: www.vdp.de/de/
Weingut Salwey: www.salwey.de
Weingut Odinstal: https://odinstal.de

VITAE

Bärbel Ring

Weine sind ihre Welt – Riesling ihr persönlicher Liebling. Inmitten der malerischen Kulisse aus Nordseedünen und rauer See liegt das Zuhause der Wahlsylterin: Bärbel Ring ist vielfach ausgezeichnete Sommelière und Restaurantleitung im Söl'ring Hof in Rantum auf Sylt. Hier überzeugt sie die Gäste des Zwei-Sterne-Restaurants mit ihrer Expertise in Sachen Wein, ihrem Charme und ihrer Kreativität. Die Welt der Weine ist ihre Berufung, zu der sie allerdings auf Umwegen gelangte. Ihre Liebe zum Wein entfachte fast zufällig durch einen Nebenjob in der Gastronomie während ihres Sozialpädagogikstudiums. Bärbel Ring sieht sich als Vermittlerin zwischen Wein und Gast, ihr Wissen weiterzugeben und andere in die spannende Welt des Weins mit Leichtigkeit heranzuführen sind ihre Leidenschaft. Sie erhielt zahlreiche Preise, unter anderem die Auszeichnungen »Meisterin der Weine« des Port Culinaire Best-of-the-Best Award, »Mrs. Feel Good« des Port Culinaire Best-of-the-Best Award und »Sommelière des Jahres« durch den *Feinschmecker*, den Food Mover Award und den *Schlemmer Atlas*.

Antonia Wien

Antonia Wien, geboren 1976, ist als Tochter einer Restaurantkritikerin mit dem Thema Food aufgewachsen. Die studierte Literatur- und Musikwissenschaftlerin ist immer auf der Suche nach dem perfekten Genuss, kocht selber leidenschaftlich gerne, liebt gutes Essen und schreibt seit über 20 Jahren darüber. Sieben Jahre hat sie als Verlegerin einen eigenen Restaurantführer für Hamburg herausgebracht (*Hamburg Genießen von 7 bis 7*), schreibt seit 1998 als freie Food-Journalistin und Autorin Kolumnen, Restaurantkritiken und Reiseberichte, seit 2016 regelmäßig für *DER FEINSCHMECKER*, *FOODIE* und *GOURMET TRAVELLER*. Sie lebt und arbeitet südlich von Hamburg.

Anna Ploog

Anna Ploog, geboren 1988 auf der schönen Insel Sylt, ist Fotografin aus Leidenschaft. Inspiriert von ihrem Großvater und ihrem Vater, beide leidenschaftliche Hobbyfotografen, begann sie früh, sich für das Medium zu begeistern. Anna brennt dafür, zur richtigen Zeit am richtigen Ort zu sein, um die perfekten Motive einzufangen. Nach 15 Jahren Gastronomieerfahrung verwirklichte sie sich Anfang 2019 ihren Traum und machte sich als Fotografin selbstständig. Ihr Verständnis für Teamarbeit und ihre kreative Vision setzt sie nun in ihrer fotografischen Karriere ein. Mit ihrer Empathie und Begeisterung für Menschen spiegeln ihre Bilder das Wesen jedes einzelnen wider. Sie lebt und arbeitet in Husum.

Meine WEIN-NOTIZEN

Meine
WEIN-NOTIZEN

Meine WEIN-NOTIZEN

IMPRESSUM

Hinweis: Die Ratschläge/Informationen in diesem Buch sind von Autor*innen und Verlag sorgfältig erwogen und geprüft, dennoch kann eine Garantie nicht übernommen werden. Eine Haftung der Autor*innen beziehungsweise des Verlags und seiner Beauftragten für Personen-, Sach- und Vermögensschäden ist ausgeschlossen.

Gender-Hinweis: Aus Gründen der besseren Lesbarkeit wird in diesem Werk an manchen Stellen auf die gleichzeitige Verwendung der Sprachformen männlich, weiblich und divers (m/w/d) verzichtet. Sämtliche Personenbezeichnungen und personenbezogenen Hauptwörter gelten gleichermaßen für alle Geschlechter. Die verkürzte Sprachform beinhaltet keine Wertung, sondern hat lediglich redaktionelle Gründe.

Bildnachweis:
Fotos: Sämtliche Fotos sind von Anna Ploog.
Außer: 23 (Andreas Schumann), 27 (Helmuth Scham BFF), 28 (Weingut Salwey), 29 (Weingut Salwey), 30 (Helmuth Scham BFF), 37 (Andreas Schumann), 87 (Helmuth Scham BFF) istockphoto: 14 (zaytchik), 15 (DigiStu), 26 (JanMiko und Eloi_Omella), 172/173 (RobertHoetink)
Illustrationen: Bärbel Ring
Projektleitung: Dr. Harald Kämmerer, Susanne Schmutterer
Textbegleitung und Koordination: Antonia Wien
Projektinitiative: The Chefs` Stories GmbH, Hamburg
Cover, Layout, DTP, Satz: OH, JA!, München
Textredaktion: Susanne Schneider
Korrektorat: Frauke Wilkens
Herstellung: Karin Herres
Reproduktion: Regg Media GmbH, München
Druck und Bindung: Alföldi Nyomda Zrt., Debrecen
Printed in Hungary

FSC www.fsc.org MIX Papier | Fördert gute Waldnutzung FSC® C010328

Penguin Random House Verlagsgruppe FSC® N001967
ISBN: 978-3-517-10232-0
www.suedwest-verlag.de